UNA INTRODUCCIÓN LUTERANA A LA PREDICACIÓN

UNA INTRODUCCIÓN LUTERANA A LA PREDICACIÓN

Un enfoque teológico y práctico
para la redacción de sermones

Edward O. Grimenstein

EDITORIAL CONCORDIA • SAINT LOUIS

3558 South Jefferson Avenue, Saint Louis, Missouri, 63118-3968 U.S.A.
1-877-450-8694 • editorial.cph.org

Título original en inglés: *A Lutheran Primer for Preaching*
Versión castellana: Rev. Aurelio Magariño
Editor: Rev. Héctor E. Hoppe

Editorial Concordia es la división hispana de Concordia Publishing House.

Impreso en los Estados Unidos de América

1 2 3 4 5 6 7 8 9 10   27 26 25 24 23 22 21 20 19 18 17

Especial agradecimiento al Rev. Dr. Albert B. Collver por animarme a escribir este libro.

Especial gratitud al obispo David Stechholz, del Distrito Inglés, por ser mi primer predicador.

Profundísima gratitud al Rev. Dr. Paul Scott Wilson por su dedicación de convertir predicadores jóvenes en expertos de la homilética.

Mi más profunda gratitud a mi esposa Tevia quien manifestó y modeló el amor sacrificial de Cristo a nuestra familia día a día.

CONTENIDO

PREFACIO

"Pero una sola palabra tuya bastará para que mi criado sane."
–el centurión (Mateo 8:8)

Es absolutamente imposible divorciar la teología del acto de la predicación. Durante el siglo pasado esto ha ocurrido en muchas iglesias. En muchas universidades y seminarios y occidentales se han considerado como verdaderas disciplinas académicas aquellas relacionadas con la exégesis, o la historia o la sistemática, relegando la homilética a un plano inferior. El acto de la predicación todavía ocupa un lugar importante en el culto público pero casi nunca es considerado como una disciplina académica de alto nivel. El resultado final de la separación del acto de la predicación del entendimiento teológico ha causado pérdida del prestigio de esta tarea importante en detrimento del pueblo de Dios y su iglesia, especialmente en los Estados Unidos y Europa occidental.

Hoy los textos homiléticos se escriben sin tomar en cuenta su significado denominacional. Se ven como intercambiables de una denominación a otra y esto ocurre debido a la falta de distinciones teológica particulares. Esto ha traído como consecuencia que la predicación haya perdido el entendimiento de su valor en la vida de la iglesia. El tiempo de la predicación se ha convertido en tiempo para parodias dramáticas, discursos moralistas, relato de historias, fábulas, bromas, y cosas por el estilo. Parece que el mundo moderno ha perdido completamente de vista lo que Dios hace mediante la predicación de su Palabra y los clérigos mismos no saben lo que debieran hacer durante la predicación.

Es una cosa decir que la predicación necesita una reforma porque verdaderamente nuestros corazones pecaminosos deben ser diariamente lavados. Lo que la predicación necesita desesperadamente es una reconexión a la comunidad teológica de fe de manera que la palabra predicada sea una vez más imbuida con esa especial palabra de Dios que invita a la gente a creer para que creyendo tengan vida eterna (Juan 20:30-31).[1] Dios mediante, la meta final de esta obra introductoria es asistir a los predicadores a entender la teología detrás del acto de la predicación. Ya que las personas son realmente salvadas al escuchar el evangelio, entonces dicho acto requiere una reflexión teológica y confesional seria que conduzca a su mejoría. El apóstol Pablo mismo dijo a las congregaciones en Roma que sería imposible creer para salvación sin una persona que predicara el mensaje.[2] Puesto que el acto de creer solamente es posible mediante la predicación del evangelio del Dios vivo, es necesaria una seria reflexión teológica.

La segunda meta de esta obra introductoria es proveer a los estudiantes de homilética, tanto principiantes como experimentados, un foro para discutir algunas de las necesidades que han de ser consideradas en la redacción del sermón. Aunque las obras introductorias son típicamente reservadas para principiantes de una disciplina, esta obra tiene aplicación también para predicadores de experiencia debido al déficit en la predicación de las décadas pasadas. Para los estudiantes principiantes, proveerá una discusión de los pasos a seguir en la redacción de un sermón que incluye el estudio del texto, discernir la ley y el evangelio en el mismo, identificar el tema principal y la redacción propia del manuscrito del sermón. Aunque los predicadores con experiencia usualmente tienen su propia metodología para escribir un sermón, siempre es bueno aprender nuevas maneras y perspectivas en la realización de esta hermosa tarea.

La estructura de esta obra está diseñada en dos secciones. La primera sección se concentra en establecer una teología luterana para la homilética. La segunda sección propone más pasos prácticos para estimular a los predicadores en la redacción del sermón luterano. Con intención de promover mayor interacción entre estudiantes y profesores, cada capítulo concluye con preguntas que pueden ser usadas en el salón de clase o de tarea. Están escritas con la intención de lograr que los estudiantes,

1 El Evangelio de Juan dice así: "Pero éstas se han escrito para que ustedes crean que Jesús es el Cristo, el hijo de Dios, y para que al creer, tengan vida en su nombre."

2 "Ahora bien, ¿cómo invocarán a aquel en el cual no han creído? ¿Y cómo creerán en aquel de quien no han oído? ¿Y cómo oirán si no hay quien les predique?" (Romanos 10:14).

maestros, y predicadores se envuelvan en una sana y vibrante discusión teológica acerca de lo que se logra en la tarea de la predicación.

Cristo no solamente está aún presente en su Palabra como un medio o una forma de contenido, sino que él mismo es quien trae salvación a este mundo cuando creemos en la santa palabra de Dios predicada mediante la boca de un pastor, y así creyendo en el evangelio, nos convertimos en poseedores de la vida eterna.[3]

¡A Dios solamente sea la gloria!

Edward O. Grimenstein
Febrero, 2015

3 Comentario de Martín Lutero a la Segunda Petición del Padre Nuestro en su Catecismo Menor: "Cuando el Padre celestial nos da su Espíritu Santo, para que, por su gracia, creamos su santa palabra y llevemos una vida de piedad, tanto aquí en el mundo temporal como allá en el otro, eternamente" (Libro de Concordia, página 361).

CAPÍTULO 1

PRINCIPIOS DE UNA TEOLOGÍA DE LA PALABRA

"Y dijo Dios..."
–Génesis 1

En el principio Dios creó el mundo hablando. Ordenó a las cosas que no existían a que vinieran a la existencia. Mandó a las cosas que no eran nada a que tuvieran existencia real. Llamó a cosas que no eran e hizo que fueran. Éste no es solamente el comienzo apropiado de nuestra existencia de la historia de la salvación de Dios mediante su Hijo Jesucristo sobre la cruz del Calvario, sino que esto también moldea nuestro entendimiento de cómo Dios habla y cómo todavía Dios habla por medio de un predicador.

Antes de emprender un estudio de la teología de la iglesia acerca de la Palabra y continuar hablando de ella, es importante entender la naturaleza de la teología homilética. Este entendimiento es la base de la predicación. Tal vez el mejor lugar para empezar en establecer una teología homilética es la creación. Esto es apropiado por dos razones. Primero, no es coincidencia que Dios creó todo el universo hablando. Pudo haberlo hecho de otras maneras. Por medio de su pensamiento, lavándose las manos, o estornudando. Pero escogió hablar. Fue su prerrogativa, no la nuestra. Y debido a este hecho la predicación ha estado inextricablemente unida a la creación y será así hasta el final de los tiempos. Segundo, Dios no solamente, habla sino que habla una Palabra creadora. Hablar es insignificante al menos que algo sea creado. De otra manera, el hablar podría ser abusivo, maldiciente o condenador. Sin embargo, la palabra de Dios es diferente. Su palabra conlleva la edificación/creación/producción de realidades y estados de existencias que simplemente no existían hasta que Dios habló.

En el mundo occidental el discurso es considerado un medio simbólico de comunicación. Esto significa que las palabras son asignadas a objetos, y esos objetos son manipulados mediante verbos, descritos por adjetivos y términos similares. Sin embargo, hay muy poca discusión acerca de lo que las palabras actualmente logran fuera del enfoque simbólico o representacional.[1] Dicho enfoque al lenguaje ha afectado directamente a la predicación. Muchos sermones occidentales no enfatizan cómo el lenguaje impacta directamente a los oidores. En vez de eso, hay un fuerte énfasis sobre maneras más pasivas de alcanzar al oyente. Aunque la predicación ciertamente ha sido impactada por esta forma occidental de entender el lenguaje, ésta también ha sido afectada por una teología específica de la predicación.

En 1971, la primera y popular publicación de Fred Craddock, titulada *Como uno sin autoridad*, ayudó a continuar desvirtuando y negando el reclamo autoritativo que la palabra de Dios tiene sobre las vidas de sus oyentes.[2] Dicha creencia fue la culminación de la manera en que la iglesia entendía el carácter autoritativo de la Escritura durante este período. De gran ayuda aquí será explicar más a Craddock referente al impacto de la Escritura sobre la predicación, ya que él afirmaba que la Palabra carecía de poder para cambiar la vida de las gentes. Al reducir el valor normativo y autoritativo de las Escrituras en la vida de las gentes, los predicadores no podrían, entonces, confiar en estas Escrituras como fuente de poder para la conversión de otros. Puesto que las Escrituras eran incapaces ya de cumplir con esta tarea, Craddock y otros sugirieron un nuevo camino. Este nuevo camino o nueva manera fue conocida como la "nueva homilética", que esencialmente incluía un movimiento hacia enfoques inductivos

1 Hay algunos teólogos retóricos que sobresalen por ser excepciones claras durante el siglo 20, quienes, además, contribuyeron grandemente a un entendimiento del lenguaje fuera del discurso no-representacional. Entre éstos se encuentran las obras la *La retórica de la religión*, por Kenneth Burke, *La teología es para proclamación* de Gerhard Forde, *Actos del discurso*, de John Searle y *Cuatro páginas del sermón*, escrita por Paul Scott Wilson, por nombrar a unos pocos. Aparte de Gerhard Forde, todavía hay una carencia de literatura que explore esta perspectiva del lenguaje desde el ángulo homilético. La mayoría lo hacen desde la perspectiva retórica.

2 Esta obra sirve como punto de referencia y testimonio de este entendimiento. En el momento de su publicación, esta obra representó la actitud creciente en Europa ya existente 50 años antes de la publicación y prevalente en el mundo de la homilética 50 años después de su publicación original.

en la predicación (como narraciones) de forma tal que el oyente pudiera convertirse en el árbitro final de la palabra de Dios.

La palabra proclamada o hablada de Dios tendía a ser vista en términos de la alta crítica que divorció la palabra proclamada o hablada de la naturaleza re-creativa, inherente a la palabra de Dios. En vez de regresar a la palabra en toda su esencia transformadora, homiléticos como Craddock se movieron en la dirección opuesta y buscaron afirmación de la eficacia de la palabra de Dios dentro del ser humano haciendo al hombre el árbitro final de la naturaleza re-creativa de dicha palabra. A pesar de las buenas intenciones esa práctica distanció más a la predicación de la esencia original de la palabra de Dios en el Edén y una vez más tentó al hombre con la falsa promesa de que él también se convertiría en Dios.

Aunque Europa y los Estados Unidos han visto un crecimiento general en ver al lenguaje como simbólico y representacional, las palabras de la Escritura todavía promueven un enfoque diferente al lenguaje. Por ejemplo, en el mundo occidental, las palabras son generalmente aceptadas como neutrales. Las palabras representan cosas. Describen cosas o lo que ellas hacen. Pero el lenguaje en general es usualmente visto como simbólico. La palabra "gato" no existe por sí misma. Solamente recibe su significado y comprensión por la realidad a la cual se refiere, en este caso a un pequeño mamífero que tiene bigotes y que maúlla.

Aunque las Escrituras ciertamente utilizan simbolismo y representación existe un fuerte contraste desde el principio. En hebreo, el término para palabra es *dabar.* Éste ciertamente se refiere a una cosa con un matiz totalmente diferente. Conectada a la cosa hay una acción, inherente a la existencia de la misma. La palabra es una acción, un hacer, de aquel quien es el hacedor o creador. Esto puede verse fácilmente en el relato de la creación del Génesis. Dios el hacedor habló. Y hablando el hacedor creó, hizo. Esto parece muy simplista al decirlo y también es confuso al identificarlo. Pero los próximos capítulos explorarán las importantes implicaciones teológicas de una iglesia que reclama que verdaderamente sólo hay un creador o hacedor quien por su propia naturaleza solamente puede hacer ciertas cosas. Y en el hacer de estas cosas (por ejemplo la predicación), el hacedor (Dios) puede hacer por su pueblo lo que solamente él puede hacer: salvar a lo humanidad de este mundo caído. Los próximos capítulos elaborarán esta propuesta y ofrecerán oportunidad para discusión sobre el tema del discurso representacional versus el discurso activo como el propio medio de comunicar la salvación lograda para nosotros en la persona de Cristo.

ACTIVIDADES DE CLASE / DISCUSIÓN DE GRUPO

1. Lea fragmentos de Génesis 1, especialmente en hebreo y griego siempre que sea posible (Gn 1:1-28; Juan 1:1-18; 1 Juan 1:1-10). Tome nota y discuta acerca de aquellas cosas físicas que vinieron a existir mediante el discurso de Dios.

2. A través del Evangelio de Juan, Jesús declara siete pronunciamientos "yo soy". Uno fue muy ofensivo a los maestros de la ley que quisieron matar a Jesús. Leer Juan 8:48-59. ¿Por qué los judíos quisieron matar a Jesús? Discutan por qué el nombre "yo soy" fue peligroso para Jesús al asumirlo.

3. Dios es el único que existe por sí mismo sin necesidad de ayuda para crear lo que creó. El nombre desconocido para Dios (YHWH) proviene de la raíz del verbo ***hayah*** / ***ehyeh***, que significa ser, será, soy, existo o es. El creador de toda la creación llamó a existencia a otros seres y los hizo a su imagen y semejanza. ¿Cuál es el significado de esta acción?

4. El lenguaje occidental tiende hacia lo figurativo, lo referencial o simbólico. Un clásico sentido de este entendimiento dentro de la iglesia es la antigua discusión de la presencia de Cristo en el Sacramento del Altar. Cuando Cristo dice "Este es mi cuerpo" algunas denominaciones traducen "es" en sentido figurativo o simbólico. Otras, como la Iglesia Luterana, lo traducen literalmente significando el cuerpo físico de Cristo presente en el pan. Aun cuando no podemos ver el cuerpo físico o la sangre de Cristo, podemos descansar en las palabras y promesas de Dios quien nos declara esto. Durante el oficio mayor / oficio divino, ¿cuáles son las maneras en que los miembros de la congregación se encuentran con cosas o palabras que pueden ser interpretadas de forma literal o de forma simbólica y figurativa?

DISCUSIONES FUERA DE CLASE / TAREAS

1. Los predicadores tratan con asuntos que pueden ser tomados simbólica o literalmente. Tomemos por ejemplo el Bautismo. Durante esta actividad, decimos que la persona bautizada ha renacido como hijo de Dios, que sus pecados han sido lavados, ha sido unida al cuerpo de Cristo, que es heredera de la salvación y la vida eterna, etc. Para los luteranos estas cosas son reales y tangibles, que no siempre pueden verse con los ojos y tocarse con las manos. ¿Cómo pueden los predicadores hablar de estas cosas de forma tal que puedan ser vistas con los ojos y tocadas con las manos?

2. Trate de anotar al menos 10 ejemplos en los que el predicador pueda ser interpelado con realidades invisibles. Anote también cuándo estas realidades enfrentan a los oyentes en un sermón.

3. Los luteranos creemos que éstas son realidades verdaderas concedidas por Dios mismo, y como tal, tienen amplias implicaciones tanto para el creyente individual como para la congregación. ¿Cómo podría predicar el predicador sobre estos desafiantes escenarios de forma que los miembros de la congregación puedan reconocerlos como realidades que les fueron concedidos a ellos por Dios?

CAPÍTULO 2

LA CAÍDA

"¿Así que Dios les ha dicho?
–la serpiente (Génesis 3:1)

En el principio creó Dios los cielos y la tierra, hablando. Poco se escribió para discutir cómo la realidad física es moldeada por el hablar. No se conecta el hablar frecuentemente a las realidades físicas. Usualmente es percibido como espiritual o efímero mientras que la creación es considerada más concreta y palpable. Pero con el fin de profundizar en el acto de la predicación y cómo hemos de predicar, debemos invertir tiempo para explorar las ramificaciones de la predicación sobre la realidad física.

El primer y mayor sacrilegio cometido por la serpiente en contra de su creador, aparte de su rebelión abierta, fue decidir tomar para sí misma lo que solamente le pertenece a Dios. Esto incluyó no solamente querer honor y gloria para sí misma, sino que también escogió corromper para su propio uso la otra gran acción de Dios: el hablar. El mismo hecho de que la serpiente hablara fue un acto de rebelión. Tomó lo que solamente estaba reservado para Dios, el acto creador mediante el discurso o la palabra, y lo corrompió para sus propios fines y ganancias personales. Así como los cielos existieron por la acción de la palabra, así, por acción de la palabra la creación fue completamente corrompida.[1]

Para entender correctamente una distintiva teología luterana de la palabra de Dios, y entender correctamente cómo los predicadores deben

1 Para una excelente discusión que establece los fundamentos de la corrupción del lenguaje de la creación, ver el Artículo I en el Epítome de la Fórmula de Concordia: "Pues de este modo se puede explicar con la mayor claridad la distinción que existe entre la obra de Dios y la del diablo, porque el diablo no puede crear ninguna sustancia, sino que sólo puede, de una manera accidental, y si Dios se lo permite, corromper la sustancia creada por Dios" (Libro de Concordia, 503, 25).

predicar, es vital conocer a nuestro enemigo, especialmente al enemigo de corrompió este mundo por medio de la palabra hablada. El diablo tiene su propia teología de la palabra. Aunque "teología" es frecuentemente usada en referencia a Dios, quien es generalmente nombrado o llamado como el Dios trino, Padre, Hijo, y Espíritu Santo, el término "teología" podría ser usado para describir simplemente a cualquier "dios" falso. Martín Lutero habla de esto claramente a los predicadores en su catecismo menor cuando pregunta: ¿cuál es el Primer Mandamiento? "Más que a todas las cosas debemos temer y amar a Dios y confiar en él."[2] ¿Quién es nuestro Dios? Todo lo que un predicador debe preguntarse es: ¿qué es lo que más tememos, amamos, y confiamos? Si la respuesta no es el Dios trino después que hemos revisado cada rincón de nuestros corazones, mentes, y almas, (y los corazones, mentes y almas de nuestros feligreses), entonces hemos encontrado a un Dios falso al cual idolatramos.

Éste fue el plan de Satanás desde el principio. Cuando Satanás atacó a Adán y a Eva no lo hizo con una pistola o un hacha. No les gritó o los insultó. Tampoco les abofeteó la cara o les golpeó el estómago. Satanás habló. Atacó lo que ellos creían. Fue derecho el corazón de la verdadera teología cristiana de la palabra y provocó que Adán y Eva dudaran acerca de lo que Dios dijo. Satanás plantó la semilla de la incredulidad en sus almas al motivarlos a desconfiar de las promesas de Dios. Trajo desesperación a los corazones de Adán y Eva al quitar de sus corazones el consuelo que ellos encontraron en la palabra de Dios, triturando las promesas que albergaban en sus corazones y destruyendo el amor que tenían por la palabra de Dios. Satanás fue un pastor maléfico que alejó a las ovejas de los pastos del buen pastor haciendo que caminaran hacia un barranco que las llevaría a su destrucción. Todo esto lo logró hablando. No usó armas de fuego, no se intercambiaron golpes, no se lanzaron piedras. Satanás poseía una teología homilética que funcionó bien.

Satanás corrompió toda la creación al hacer caer a los que habían sido creados a la imagen de Dios en el mismo pecado en que él y la tercera parte de los ángeles incurrieron.[3] Satanás tentó a Adán y a Eva no sólo a dudar de

2 (Libro de Concordia, 356.2).

3 Apocalipsis 12:4.

la palabra de Dios, al extraer la alfombra de fe debajo de sus pies al hacerles dudar de la veracidad de ella, sino que les presentó también un falso evangelio de prosperidad asegurándoles que al desconfiar de la palabra de Dios ningún mal les ocurriría. "Entonces la serpiente le dijo a la mujer: 'No morirán. Dios bien sabe que el día que ustedes coman de él, se les abrirán los ojos, y serán como Dios, conocedores del bien y del mal'."[4] Satanás predicó un falso evangelio a Adán y a Eva que los alejó de Dios y los incitó a enfocarse en ellos. La caída en pecado no ocurrió solamente cuando Adán y Eva comieron del fruto prohibido, el comer solamente selló lo que ya había ocurrido en sus corazones.[5] El fruto fue la confirmación de lo que ya creían. El comer del fruto fue la firma sobre la línea punteada de que habían abandonado a Dios para siempre para regir sus propios destinos.

La caída constó básicamente de dos elementos. Primero, Satanás proclamó una palabra falsa. Segundo, Adán y Eva creyeron ese sermón falso. Así fue como ocurrió la caída. Ningún predicador en la creación hoy puede predicar plenamente el verdadero y correcto evangelio de salvación de Jesucristo, dado gratuitamente a toda la humanidad, sin entender primero cómo ocurrió la caída en el pecado. Ésta ocurrió cuando alguien predicó un falso evangelio y la gente lo creyó. Los predicadores luteranos deben mirar hacia atrás en nuestra historia cristiana como alguien mira al espejo retrovisor cuando está conduciendo. Es bueno mirar hacia atrás mientras al mismo tiempo nos movemos hacia delante. No debemos predicar de la misma forma que Satanás lo hizo. El predicador cristiano nunca debe predicar haciendo que el hombre confíe en sí mismo de nuevo. Ésa no es predicación cristiana. Ésa es predicación satánica. No es el verdadero evangelio de Jesucristo sino un falso evangelio. Esa predicación no salva a nadie; sólo confirmará el pecado de la gente confinándola al castigo eterno en el infierno. Éste es el desafío para los predicadores de hoy. Debemos conocer nuestra historia pero siempre moviéndonos hacia adelante, mirando hacia la obra de nuestro Señor y Salvador Jesucristo.

4 Génesis 3:4-5.

5 Se puede establecer una correlación entre el comer en la Cena del Señor y el creer, como el "remedio" a la creencia falsa y al consecuente comer falso que ocurrió en el Edén.

ACTIVIDADES DE CLASE / DISCUSIÓN DE GRUPO

1. Lea Génesis 2:4-25. ¿Cuál fue la diferencia entre la creación del ser humano y el resto de la creación?

2. Lea Génesis 3:1-7. ¿Cuántas veces le habló la serpiente a Eva?

3. Discuta cuál fue el objetivo de la serpiente la primera vez que habló con Eva. ¿Cómo respondió Eva? ¿Qué frase fue añadida a la respuesta de Eva? (Vea Génesis 2:17 para detalles).

4. Discuta la segunda respuesta de la serpiente en el versículo 4. ¿A quién le dijo la serpiente que Eva se parecería?

5. Discuta cómo el discurso de la serpiente se parece a un sermón.

DISCUSIONES FUERA DE CLASE / TAREAS

1. Dentro del discurso del diablo a Adán y Eva, hay mucho material que no le pertenece a él. ¿De qué maneras la serpiente corrompió la palabra de Dios en el contenido de su sermón? ¿De qué manera corrompió la serpiente la habilidad única de Dios y del hombre ligada a la creadora palabra hablada?

2. El diablo no atacó a Adán y a Eva con una pistola o un hacha. Simplemente habló. Por medio de su discurso atacó lo que Adán y Eva creían. Estudie la explicación de Lutero del primer mandamiento y su significado. Después que el diablo habló con Adán y Eva, ¿en qué creyeron que se convertirían? ¿En qué temían, amaban, y confiaban ahora Adán y Eva?

3. El sermón del diablo estaba compuesto básicamente de dos elementos: (1) un falso evangelio y (2) personas que creyeron ese falso evangelio. Los luteranos debemos estar consciente de este hecho y esforzarnos por predicar el verdadero evangelio y orar para que las personas crean en él. ¿Cómo la predicación y la creencia en el verdadero evangelio contrarrestan la obra de Satanás en nuestros corazones, en la iglesia, y en este mundo?

CAPÍTULO 3

LEVANTÁNDONOS DE LA CAÍDA

"Pero con una sola palabra tuya…"
– el centurión (Lucas 7:7)

En el principio creó Dios los cielos y la tierra por medio del habla. Mediante la caída en pecado, Satanás corrompió lo que Dios había creado hablando una palabra que desvió el temor, el amor, y la confianza que Adán y Eva le tenían a Dios. Así los alejó de su creador, y convirtió su antigua devoción a Dios en una devoción a sí mismos. En la nueva creación de Jesucristo en la cual la iglesia se encuentra ahora, el mundo es transformado de nuevo. Esto no ocurre manipulando la materia de la creación. No ocurre mediante los éxitos políticos del gobierno o los programas sociales de este mundo. El verdadero cambio ocurre mediante la proclamación. Pero no es cualquier proclamación. El cambio ocurre en los corazones y las almas de la gente cuando la palabra proclamada hace que el temor, el amor, y la confianza de la gente regrese a su Creador una vez más. Éste es el verdadero evangelio.

El comienzo del Evangelio según San Juan es único y pudiera correctamente decirse que establece el escenario apropiado para la predicación luterana. Juan habla muy intencionalmente con el mismo lenguaje del libro del Génesis. Génesis 1 comienza diciendo: "En el principio creó Dios los cielos y la tierra", mientras el Evangelio según San Juan comienza diciendo: "En el principio ya existía la Palabra. La Palabra estaba con Dios, y Dios mismo era la Palabra" (Juan 1:1-14).

La caída no fue el evento más importante de la historia. Pudiera argumentarse que el evento más importante de la historia, el cual incluye nuestra salvación, es la encarnación del Verbo –Jesucristo– quien asumió nuestra naturaleza humana. El Verbo, la Palabra, se hizo carne.

¿Qué Palabra? La Palabra que creó el universo, la Palabra que sustentó a Adán y a Eva, la Palabra que de forma amorosa los sacó del Edén y les hizo una verdadera promesa evangélica de que la simiente de la mujer aplastaría la cabeza de la serpiente, la Palabra que vino del monte Sinaí, la Palabra que liberó y guio al pueblo de Dios en el desierto y lo sustentó en el templo y en sus sinagogas, esa Palabra se hizo realidad en la encarnación de Cristo. El evangelio de Dios, su Palabra proclamada o hablada de salvación, se convirtió en una persona. Dios se hizo hombre. Por amor a su creación, por su propia naturaleza misericordiosa, por ser el que ama a lo despreciado, asumió nuestra humanidad para cumplir el plan establecido desde antes de la fundación del mundo.

En Jesucristo, las buenas nuevas prometidas en el Edén y proclamadas a través del Antiguo Testamento están ahora centralizadas y brotando de Jesucristo hombre. Juan el Bautista estaba en lo correcto cuando le dijo a las multitudes: "Escúchenlo a él." Juan sabía que este Jesús era quien encarnaba en su humanidad la Palabra hablada de salvación y que de Jesús un nuevo evangelio sería proclamado.

¿Pero qué tipo de proclamación? Éste es el primer tropiezo de muchos predicadores hoy. Jesús habló muchas cosas, tantas, que todos los libros en la creación son incapaces de contener todo lo que dijo.[1] Tal es así que muchos pierden de vista cuál es el evangelio de Jesús. Muchos grupos toman la palabra de Jesús y la proclaman de forma tal que solamente proveen una enseñanza moral a aquellos que la escuchan. Estas enseñanzas son neutrales en sí mismas, y es saludable para los cristianos esforzarse de tal manera que el Padre celestial vea un amor perfecto hacia él en ese esfuerzo. Sin embargo los predicadores caen en la trampa satánica cuando las palabras que enfatizan moralidad se convierten en un tipo de manta de seguridad para el predicador y sus oyentes como si la adquisición de una vida moral de alta calidad de alguna manera apaciguara a Dios. Ésta es una forma de predicación que hace que los oyentes se miren interiormente en busca de temor, amor, y confianza en vez de mirar hacia Dios. Esto es por naturaleza y definición verdaderamente pecaminoso y satánico.

1 Juan 20.

Otros predicadores harán promesas a sus oyentes de que si ellos viven ciertos estilos de vida o si solamente cambian sus mentes y perspectivas, podrán disfrutar los frutos de esta vida y de este mundo y serán así personas exitosas. Esta enseñanza es también satánica porque invita a la gente a enfocarse en los beneficios temporales de esta vida que nada tienen que ver con tener mayor fe en Jesucristo como Salvador de sus pecados. Por ejemplo, aunque Jesús se preocupa por los gobiernos de este mundo, él no busca apoyar a algún partido político en particular. Jesús también se ocupa de los bienes de este mundo y nos lo da para nuestro sustento pero no está interesado en que la gente se enriquezca materialmente en esta corta y moribunda vida.

Esto quiere decir que la mayor re-creación del mundo no es necesariamente en su aspecto físico. La más grande re-creación, la que Dios verdaderamente desea, habita dentro de los espacios invisibles de los corazones, las almas, y las mentes de las personas cuando son invitadas a colocar sus miradas fuera de sí mismos o en otros, y en vez de eso, confiar en aquel que los creó y los está re-creando por medio de Jesucristo.[2]

Los predicadores en verdad tienen una vocación desafiante. Entre las muchas vocaciones dadas a los hombres, aparte de las vocaciones de la paternidad y la maternidad, quizás no haya mayor vocación que la de predicar correctamente en el foro público de una congregación y en el hogar entre la familia. Esta vocación es intrínseca a la misma personalidad del hombre y es tan cercana a los hombres como el género que les ha sido dado a hombres y mujeres.[3] Sin embargo, aun cuando hombres y mujeres reconozcan las vocaciones que recibieron de Dios, así como los predicadores reconocen la vocación de predicar la palabra correctamente, tendrán desafíos. Como personas con naturalezas pecaminosas, estas tareas no brotan naturalmente

2 Los predicadores luteranos debiera estar satisfechos con las palabras de Lutero en su catecismo: "¿Cómo viene el reino de Dios? Cuando el Padre celestial nos da su Espíritu Santo, para que, por su gracia, creamos su santa palabra y llevemos una vida de piedad, tanto aquí en el mundo temporal como allá en el otro, eternamente" (Libro de Concordia, p. 361, 8).

3 En Romanos 1, Pablo les habla a las congregaciones con un argumento lógico. El movimiento comienza con la ley y eventualmente las mueve hacia una predicación libre del evangelio en el capítulo 3. Lo que es único aquí es que Pablo empieza con lo que debiera ser normal y visto por todos (por ejemplo el género de hombres y mujeres y la subsecuente deshonra de los mismos mediantes actividades homosexuales y otros actos bochornosos en Romanos 1:27). Desde esta apelación al conocimiento natural de condenar el pecado y el estado pecaminoso, Pablo mueve su argumento hacia el evangelio. El evangelio está fuera y apartado del hombre.

de nosotros. De igual forma que el género claramente muestra con toda evidencia lo que por naturaleza debe ser simplemente conocido (ver Romanos 3), así también la proclamación del evangelio de Jesucristo debiera ser un evento que ocurriera naturalmente entre padres e hijos, entre vecinos, y pastores con congregantes. Pero éste simplemente no es el caso.

Debido a la caída y al hecho de que ningún hombre intrínsecamente y de su propia naturaleza conoce o proclama el evangelio por sí mismo, todos los predicadores deben ser cautelosos y vivir sin temor de su tarea, y en la humilde aceptación y reverencia hacia el único quien puede proclamar el evangelio: la Palabra misma, Jesucristo.[4] Habrá tentaciones continuas para los predicadores de capitular ante algunos de sus oyentes que tendrán comezón en sus oídos, de no ir tan lejos y ofender a los pecadores, como también de no expresar con claridad la gratuidad absoluta de la salvación. Los predicadores incluso pueden luchar con algunas de las más grandes tentaciones: la pereza y la falta de respeto a la tarea de predicar, a menudo manifestadas en una mala preparación.

Pero los predicadores también deben estar conscientes de la historia cuando se acercan a la palabra de Dios. Deben estar conscientes de que la humanidad ha perdido la habilidad de conocer que el evangelio está en nosotros mismos, por nosotros mismos y de nosotros mismos.[5] Aun así los predicadores no deben desesperarse. Mediante el tiempo usado en la preparación del sermón, la lectura del sermón en voz alta, y la reflexión sobre la teología de la palabra, los predicadores pueden vivir en un estado de arrepentimiento y renovación continua de la misma manera en que cada cristiano es llamado a vivir. Pero los predicadores nunca deben perder el enfoque en el verdadero evangelio, los verdaderos predicadores cristianos tampoco deben ser tentados a proclamar una palabra que suene bien pero que de hecho enmascara una palabra satánica. Los predicadores

4 La explicación del Tercer Artículo del Credo dice: "Creo que ni por mi propia razón, ni por mis propias fuerzas soy capaz de creer en Jesucristo, mi Señor, o venir a él; sino que el Espíritu Santo me ha llamado mediante el evangelio, me ha iluminado con sus dones, y me ha santificado y conservado en la verdadera fe" (Libro de Concordia, p. 360, 6). Los predicadores nunca deben sentirse abatidos o cansados en sus tareas de predicación. Aunque no viene naturalmente al hombre, Cristo es quien sustenta toda la creación en su gracia, incluyendo la predicación del evangelio.

5 Pablo confirma esto en Romanos 3:10-11 cuando cita a Isaías 52:5: "¡No hay ni uno solo que sea justo! No hay quien entienda; no hay quien busque a Dios."

siempre deben recordar que Satanás pretende ser un ángel de luz.[6] Esto se aplica también a la predicación. Hay muchos falsos predicadores que predican palabras que suenan bien, palabras que apelan a los oyentes o que le pueden dar a las personas una esperanza mundana en un mundo moribundo. Pero éstas no son las verdaderas palabras de aquel quien es la Palabra: Jesucristo.

ACTIVIDADES DE CLASE / DISCUSIÓN DE GRUPO

1. Lea la narración de la caída en pecado en Génesis 3. Enumere las instancias en que la predicación es usada para hablar negativamente de Dios.

2. Lea la narración de la maldición de Dios sobre el pecado en Génesis 3. Observe quién culpó a quién por el pecado (por ejemplo, ¿a quién culpó Adán? ¿A quién culpó Eva?) ¿Trató la serpiente de excusar su pecado? ¿Por qué permanecería impenitente sin decir nada? (Juan 8:44).

3. ¿Se arrepintieron Adán y Eva de su pecado? ¿Por qué o por qué no?

4. La confesión y absolución es un tiempo en el cual Dios habla por medio del pastor para que el pueblo sea liberado de su pecado. ¿Qué es lo primero que debe ocurrir en la confesión y absolución? (ver el Catecismo Menor de Lutero). ¿Estaban Adán y Eva contritos por su pecado o buscaron liberación del pecado de parte de Dios? Dé ejemplos claros que apoyen su respuesta.

5. ¿Cuál fue el primer evangelio que Dios proclamó? (por ejemplo, en las palabras habladas a la serpiente). ¿Fue merecida esta promesa de salvación del pecado y muerte o fue un regalo?

6 En 2 Corintios 11:1-4, 14, Pablo confirma el desafío que las iglesias en Corinto están enfrentando. Los "súper apóstoles" llegaban y predicaban un evangelio diferente al libre evangelio de Jesucristo, y de igual forma que la serpiente engañó a Eva con su astucia, los corintios pudieron haber sido alejados de su "sincera y pura devoción a Cristo".

DISCUSIONES FUERA DE CLASE / TAREAS

1. Lea la segunda petición del Padrenuestro en el Catecismo Menor de Lutero. ¿Dónde se encuentra el reino de Dios? ¿Dónde vemos el reino de Dios en este mundo de acuerdo a esta petición?

2. ¿Cómo puede el evangelio no sólo traer el reino de Dios a este mundo sino verdaderamente convertirse en el reino de Dios en este mundo caído?

3. ¿De qué manera la segunda petición contrarresta el pecado del Edén, y en particular la frase: "para que, por su gracia, creamos su santa palabra"? ¿De qué manera el creer estuvo envuelto en la interacción entre la serpiente y Adán y Eva durante su caída en pecado?

4. ¿Cuáles son algunas maneras en que los hermanos caídos, incluyéndonos a nosotros, pueden confundir el reino de Dios en esta vida con otros reinos de este mundo? ¿Cómo pueden los predicadores incorporar y centrar sus sermones en "creamos" tal y como se ve y está conectado a la segunda petición?

5. Una cosa es hacer que la gente "crea" en Jesús, pero los predicadores frecuentemente proclaman a congregaciones de santos que continúan creyendo durante toda su vida. ¿Qué debe considerar un predicador cuando predica a este tipo de congregación de forma tal que continúen creyendo, y como dice la Escritura: "para que todo aquel que en él cree no se pierda, sino que tenga vida eterna"? (Juan 3:15).

6. ¿Cuáles son algunos desafíos que los predicadores pueden enfrentar y considerar en la predicación cuando se trata del reino de Dios en este mundo?

7. Lea la tercera petición del Padrenuestro. ¿Cómo se hace la voluntad de Dios en este mundo? ¿Cómo podemos ver que se hace la voluntad de Dios en este mundo de acuerdo a esta petición?

CAPÍTULO 4

UN ENFOQUE TRINITARIO DE LA PREDICACIÓN

Dios el Padre

"Porque tres son los que dan testimonio..."

–1 Juan 5:7

Predicación trinitaria

La sección anterior proveyó una manera de enfocar la discusión sobre una teología de la predicación fundamentada sobre la creación y la re-creación del cosmos mediante Cristo. De acuerdo a la evidencia bíblica esta creación y recreación ocurrió mediante la proclamación de la palabra de Dios.[1] Esta palabra de Dios es única. Es una palabra que llamó –de la nada– a la existencia a cosas que nunca habían existido anteriormente. Un curso similar se puede tomar para describir qué pasa en la predicación y otras formas de discurso sagrado dentro y fuera de la adoración: Dios hace que la fe, la esperanza, y el amor hacia él vengan a la existencia en los pecadores. Estas cosas que los luteranos creemos, enseñamos y confesamos no existían anteriormente, pero creemos que fueron llamadas a la existencia por Dios.

El primer paso que se tomó en esta obra introductoria fue establecer un enfoque teológico a la predicación como luterano. Ahora ese principio central será expandido cuando comencemos a movernos desde la discusión teológica acerca de la predicación hacia un enfoque teológico de la

1 Ver Juan 1: Génesis 1 y 3. Las referencias de Pablo a la predicación: particularmente Romanos 10:14; 1 Corintios 9:18; Gálatas 1:9. Los números de pasajes que hacen referencia al impacto positivo de la predicación dentro de las Escrituras son demasiado numerosos para enumerarlos aquí. Independientemente del pasaje, la iintención es ver aquellos pasajes que narran la re-creación de la creación caída mediante Cristo. Esto puede o no puede mencionar particularmente la predicación (como es con algunos milagros de sanidad de Jesús), pero todos incluyen la palabra y todos incluyen a Cristo.

práctica actual de la predicación. Con el fin de que cualquier predicador predique un sermón que sea edificante al pueblo, a la iglesia y aún a Cristo mismo, el predicador no solamente debe conocer en un sentido académico cómo las tres personas de la Trinidad están involucradas dentro del acto de la predicación, sino también entender el involucramiento de la Trinidad dentro de la ejecución del acto de la predicación a medida que el evangelio es proclamado. Este involucramiento va más allá del contenido de la materia (por ejemplo, cuando un sermón habla acerca de Jesús como una persona), sino que también incluye el involucramiento de Dios el Padre, el Hijo, y el Espíritu Santo en la preparación, redacción, y predicación del sermón.

Se debe notar que el acercamiento al acto de la predicación desde una perspectiva trinitaria es mucho más que simplemente proponer una moda o un truco pasajeros. El campo de la homilética, así como muchas instituciones académicas, está frecuentemente saturado con nuevas formas de acercarse a disciplinas antiguas.[2] Acercarse al acto de la predicación desde una perspectiva trinitaria va más allá de ser un mero artificio. Más bien sería mejor describirlo como un movimiento teológico. Aunque esta sección todavía no aboga cómo investigar, escribir, bosquejar o presentar un sermón, con todo asistirá a los predicadores con un enfoque apropiado a estas tareas y comenzará a delinear una teología homilética distintivamente luterana hacia su objetivo y meta final de la proclamación de ley y evangelio.

Dios el Padre

Se puede ver como un proverbial "pan comido" proponer que Dios debe ser parte del sermón. Si le preguntaran a los predicadores si Dios está o no está presente y activo en la redacción del sermón y el proceso la predicación, muchos de ellos responderían con un estruendoso ¡sí! Sin embargo, a algunos les sería difícil explicar su respuesta. Muchos predicadores podrían responder de esta manera porque no quieren decir que un Dios

2 Eugene Lowry en su obra *The Homiletical Plot* (La trama Homilética) sugiere que los sermones deben tomar una forma donde el evangelio es relativamente corto al final del sermón con un tono sorpresivo. Paul Wilson en *Four Pages of the Sermon* (Las cuatro páginas del sermón) propone que el sermón debe seguir una estructura metafórica de 4 páginas correspondiendo a dificultades y gracia.

omnipresente puede estar de alguna forma ausente en un evento. Pero muchos predicadores probablemente serían desafiados a explicar cómo Dios está activo dentro del sermón. La mayoría podría dar una respuesta nebulosa, diciendo que Dios trabaja mediante el sermón o está presente en alguna forma mística, de otra manera no hay nada concreto a la cual pueda apuntar el dedo del predicador, permitiéndole decir: "Éste es Dios" o "Aquí es donde Dios está obrando". Pero Dios escoge no permanecer nebuloso o místico, tampoco ausente de su creación. En vez de eso, Dios el Padre decide estar con su creación.

Decir que Dios está "activo" en el sermón parece algo inapropiado. Dios no está meramente activo, sino que puede estar y debe estar y en realidad es el actor principal dentro del sermón. Sin embargo, al igual que con la caída, Satanás puede corromper al predicador de forma tal que a Dios no se le permite un lugar activo dentro del acto de la predicación.

Muchos predicadores sin saberlo caen en la trampa de relegar a Dios al asiento trasero en el acto de la predicación. Cuando más, Dios será meramente contenido dentro del sermón en vez de ser aquel quien realmente hace la predicación. Muchos sermones mencionarán a Dios. Muchos hablarán acerca de Dios o se referirán a algo que Dios hizo en las Escrituras. Por eso una cosa es hablar acerca de Dios y es otra cosa completamente distinta permitir que Dios sea aquel quien está actuando dentro de la predicación.

La mejor manera de entender el papel activo que Dios puede y debe tener en el acto la predicación puede ser hallada en la liturgia del servicio divino. A un nivel relativamente pasivo es fácil ver las maneras en las que Dios está presente dentro del servicio. Cualquier persona podría entrar al servicio divino y ver las pinturas de Cristo en las paredes, los accesorios de la Santa Cena colocados sobre el altar o las ventanas decoradas con diferentes pinturas de historias de las Escrituras. Aun así, y en un nivel más directo y activo, hay momentos en los que Dios es claramente el principal agente activo dentro de la liturgia. Esto no quiere decir que Dios no está presente en otros momentos, sino que es afirmar simplemente que en algunos casos él juega un papel mucho más activo y directo.

De hecho, el papel más activo que Dios tiene en la adoración es cuando él mismo está hablando. Esto no debe ser tomado de forma metafórica o simbólica. Los predicadores no deben ser tímidos en decir que Dios realmente habla en la adoración. Por ejemplo, muchos servicios de adoración comienzan con la confesión y absolución. Generalmente hay dos tipos de absolución que pueden ser conferidas a la congregación. Una es considerada una declaración de la gracia. En ésta, el predicador pronuncia palabras de consuelo y alivio a la congregación. Se les recuerda a los presentes de la naturaleza de Dios, y en esa naturaleza ellos deben hallar la seguridad de que él perdona sus pecados.

Sin embargo, declarar la gracia o hablar acerca de la gracia es muy diferente que verdaderamente dar esa gracia. Por ejemplo es una cosa hablar acerca del perdón y otra cosa es ser perdonado. La verdadera absolución es aquella en la cual los pecados son real y verdaderamente perdonados. Este tipo de absolución que se le da a la congregación es generalmente considerada la misma palabra de Dios. Esto puede ser argumentado por el hecho de que el pastor lo hace en lugar de Dios mismo:

> En base de su confesión, como ministro llamado y ordenado de la iglesia de Cristo y por su autoridad, yo por lo tanto, les declaro a ustedes el pleno perdón de todos sus pecados, en el nombre del Padre, y del Hijo, y del Espíritu Santo.[3]

Durante este momento en la adoración, Dios no es solamente el que habla como actor por su pueblo, sino que él es también el que está haciendo la acción al proveer el perdón. Dicho discurso nunca debe ser considerado como alguna forma de ornamentación floral de algo extremadamente grande en algún otro lugar. La absolución es real. No hay referencias. No hay símbolo. No hay otro significado. Simplemente es. Por medio de la palabra de Dios una acción ocurre y los pecados son perdonados.

Es esta instancia de la actividad de Dios que puede y debe ser reclamada dentro de la predicación y que está muchas veces ausente en la homilética moderna. Afortunadamente, la iglesia tiene precedencia litúrgica, musical, y escritural para dicha actividad. Considere por un momento al profeta Natán confrontando al rey David respecto a su infidelidad (2 Samuel 12:1)

3 Traducido de *Lutheran Service Book* (St. Louis: concordia, 2006), p. 185.

En ese momento Natán necesitaba mucho más que su propio ser para hablarle al rey. Necesitaba tener al Rey de reyes y al Señor de señores a su lado, y mediante la palabra hablada, allí estaba Dios. Dios estaba activo hablando su propia palabra mediante la ley y el evangelio a David.

Igualmente esta calidad debe estar presente en la predicación moderna. No hay absolutamente nada equivocado con el predicador de Dios que habla realmente como si Dios mismo estuviera hablando. El evangelio es antitético al hombre natural. No reside en el interior del hombre natural ni se origina en él. El evangelio reside y se origina solamente en Dios. En días pasados, esto era fácil y ampliamente entendido en la predicación, y los predicadores con frecuencia hablaban literalmente en primera persona, en el lugar de Dios.[4] Era normativo que el predicador hablara la palabra de Dios y hablara en nombre de Dios. Hay muchas razones por las que habrán desafíos a esta práctica, pero es posible hacer esto de forma tal que Dios puede hablar la ley y el evangelio a su pueblo en base a su amor y cuidado por él. No hay palabra más poderosa en el mundo que tener a Dios mismo hablando la palabra condenadora de la ley y el bálsamo sanador del evangelio.

Imagine el poder de dicha actividad un Miércoles de Ceniza cuando Dios pronuncia: "¡Qué decepcionado estoy contigo! ¡Cuán triste estoy por tu abandono!" O imagine el gran consuelo que esa práctica correctamente aplicada trae a un funeral. No hay nada más poderoso en este mundo que conocer que Dios mismo está por nosotros, actuando a nuestro lado cuando dice: "Te dije que nunca te dejaré. Te dije que nunca te abandonaré. No estaba bromeando, no estaba mintiendo. Es la razón por la cual le hice escribir a David: 'Aunque deba yo pasar por el valle más sombrío, no temo sufrir daño alguno.' Es lo que quise decir cuando te dije: no te dejaré." Dios siempre ha estado presente con su pueblo, y Dios está y siempre estará con su pueblo mediante su Palabra proclamada y predicada.

4 Lutero mismo usó está costumbre frecuentemente en su predicación. De hecho era algo muy común para él hablar en nombre de la congregación, del diablo, y de Dios mismo (Obras de Lutero [Filadelfia: Fortress Press, 1959], 51:29).

ACTIVIDADES DE CLASE / DISCUSIÓN DE GRUPO

1. ¿Cómo está Dios el Padre activo en el sermón?
2. ¿Es una actividad más de contenido (como un sustantivo) o de acción real (como un verbo)? ¿O incluye contenido y acción?
3. ¿Cuáles son algunos de los desafíos que los predicadores modernos enfrentan cuando consideran la actividad de Dios en el sermón?
4. ¿Cuál parte de la liturgia puede proveer una plantilla para los predicadores para entender mejor cómo obra Dios por medio de palabras?
5. Revise la absolución, las palabras de distribución, el rito bautismal y otras porciones de la liturgia. ¿Cómo habla Dios a la congregación por medio de estos pasajes?

DISCUSIONES FUERA DE CLASE / TAREAS

1. Revise aquellas partes de la liturgia donde Dios habla directamente a la congregación (absolución, Cena del Señor, himnos, lecturas, etc.). Seleccione una porción de un sermón actual donde el evangelio es proclamado. Identifique una pequeña porción y trate de reescribir la proclamación del evangelio como una cita directa en una sola oración. Comparta con el grupo, la clase o el instructor para evaluar lo escrito.
2. Selecciones una porción de un sermón (el mismo de arriba o uno nuevo) en el cual haya sido proclamado el evangelio. Expanda esa proclamación en un párrafo completo.
3. Repita el ejercicio anterior esta vez escribiendo un párrafo que contenga ley y evangelio.

CAPÍTULO 5

UN ENFOQUE TRINITARIO DE LA PREDICACIÓN

Dios el Hijo

Dentro del acto de la predicación no hay dudas que el actor debe ser Dios mismo. ¿Pero qué es exactamente lo que la predicación implica? Al ser preguntados, muchos predicadores podrían probablemente confesar que ellos predican, como dijo Pablo, a Jesucristo crucificado.[1] Sin duda alguna, hay muchas opiniones acerca de lo que significa predicar a Jesús. La alta crítica por ejemplo ha tenido un profundo efecto sobre la predicación. En particular ha impactado en cómo un teólogo debe interactuar con la Escritura y cómo debe considerarla. Pero uno de los más conmovedores y perjudiciales impactos en la iglesia es que la alta crítica motivó a teólogos, pastores, y miembros de la congregación a convertirse en señores de la palabra leída, estudiada, y predicada. Es cuestionable cómo, y si es posible, que la iglesia occidental pueda recuperar su vitalidad a pesar de esta enfermedad teológica.

Como una herramienta académica, la alta crítica fue más un bisturí que un cincel para la iglesia. Tendía a considerar un tópico bíblico con la intención de hacerlo pedazos para descubrir sus riquezas, en vez de analizar la estructura del texto y aprender del mismo. La palabra de Dios dejó de tener un elemento de admiración, asombro, y autoridad innata. Las Escrituras ahora podían ser despedazadas y estudiadas, reordenadas en nuevas formas y patrones dependiendo de la voluntad del hombre que las sometía a dicha frustración (esto es, hombre pecaminoso).

Con respecto a la predicación en particular, sin embargo, la pérdida más dramática no fue sólo la pérdida de la creencia de que Dios venía a nosotros en la palabra proclamada de las Escrituras, sino de que Jesucristo

1 1 Corintios 1:23.

obra todavía en la creación mediante la palabra predicada. Una palabra seccionada no puede obrar. Una palabra despedazada no tiene la habilidad de funcionar. Una palabra quebrantada no tiene poder para mover. ¡Pero ésa no es la palabra de Dios!

Dios eligió actuar en la creación mediante la palabra hablada. Fue la elección de Dios, no la nuestra. Esto lo vemos a través de las Escrituras: Dios creó los cielos y la tierra hablando. Satanás tentó a Adán y a Eva no con un elemento físico sino por medio de su palabra, convirtiéndose en el primer mentiroso y asesino, corrompiendo la palabra de Dios. Jesús mismo declaró que, como la Palabra, él asumiría nuestra carne para rescatarnos, y de hecho lo hizo. Ahora, durante el presente ministerio de la iglesia después de la ascensión de Cristo todavía estamos hablando, y por medio de esa proclamación, la gente es salvada de sus pecados y le es dada vida eterna.

Jesucristo todavía habla en el mundo. Ciertamente hay un lugar para entender la estructura gramatical de las palabras y entender las reglas de gramática y lógica necesarias para promover la fe. Sin embargo, ésa no debe ser la meta última de la comprensión de las Escrituras. La Biblia no solamente debe apuntar hacia Jesucristo sino también a las palabras que él le dirige a su creación, mientras que la meta final sigue siendo el fortalecimiento de la fe en Jesús como Salvador, Señor, y novio de la iglesia. Las Escrituras y la predicación no solamente deben apuntar hacia Jesús como una forma de contenido,[2] sino que ellas también deben ser vistas como la presente, viva, y activa voz de Dios mismo, quien trae salvación a las personas en este mundo hoy, mañana, y cada día hasta el regreso del mismo Cristo.

Los mejores ejemplos de este hablar puede ser hallados en la histórica liturgia divina. Porciones tales como la absolución son ejemplos excelentes que acentúan cómo la palabra proclamada no puede ser seccionada ni

2 Al estudiar sermones modernos, es muy común ver a Jesús descrito como si fuera contenido. El nombre "Jesús" aparecerá en el sermón solamente como un punto de referencia, de la misma manera que una dueña de casa cuando muestra su hogar a visitantes podría apuntar hacia un vaso de cerámica colocado en un estante y decir: "Oh, esa es la pieza de cerámica que compré cuando estuve en Italia, ahora iremos a la segunda planta..." Muchas veces a Jesús se lo menciona en los sermones como si fuera una cosa que pudiera estar sobre un estante.

explicada. La palabra no es analizada gramaticalmente o discutida en un estudio bíblico. La palabra no es reescrita de forma tal que las Escrituras hablen de la salvación como si fuera una cosa, en vez de permitir a la Palabra hablada conceder dicha salvación. Por ejemplo, es algo completamente diferente hablar del oxígeno como una cosa, que respirarlo. La predicación necesita permitirles a los oyentes que respiren.

Cuando en las palabras de la absolución el pastor dice: "Te perdono todos tus pecados", el pastor, la congregación, los santos en el cielo y el mismísimo Dios están parados en la fila delantera observando cómo la nueva creación es reconstruida en ese mismo momento. La creación fue hecha cuando Dios habló, y fue degradada cuando Satanás habló una palabra corrompida.

Jesús habló y se convirtió en la palabra hecha carne. Ahora él recrea este mundo, al que ama muchísimo, de la misma manera en que lo creó al principio: hablando. Considere el siguiente sermón basado en la lectura de la sanación de los diez leprosos (Lucas 17:11-19). El primero es un pobre ejemplo de la presencia de Cristo, mientras que el segundo enfatiza cómo Cristo desea estar activo en la predicación:

> Uno de los leprosos regresó a Jesús, le dio gracias y Jesús lo aplaudió por ser el único. Ése es frecuentemente el caso en nuestras vidas. Recibimos bendición de Jesús y no damos gracias. No oramos. No asistimos a la iglesia. En vez de eso parece que tomamos la bendición y salimos corriendo. Debemos dar gracias con más frecuencia.

El ejemplo anterior es terrible por múltiples razones. Primero, el pasaje fue mal interpretado. En vez de concentrarse en Jesús, el predicador se concentró en el leproso. Esto ocurrió así porque falló en interpretar el texto correctamente, al no entender dónde se hallaba el evangelio y concentrarse en él durante el sermón.

Segundo, la ley se enfatiza en este pasaje más que el evangelio. Pregúntese: ¿quién está actuando en este sermón? La respuesta es sencilla: nosotros. El sermón se concentra en nosotros y en lo que hemos hecho o dejado de hacer. En efecto el sermón pudo haber concluido diciendo: "Asegúrese de orar más."

Tercero, la mayor ofensa es en relación a Jesús. Revise ese ejemplo y pregúntese: "¿Qué está haciendo Jesús en este pasaje? La respuesta: ¡absolutamente nada! Bien podría ni siquiera estar allí. Es solamente mencionado en el versículo bíblico. No está activo ni haciendo algo en el presente, una forma no muy sutil de negar su resurrección. Este es un ejemplo de cómo Jesús puede permanecer inactivo, sentándose en el estante proverbial del predicador como un pequeño y lindo objeto decorativo.

El segundo ejemplo es muy diferente:

> El samaritano aprende y conoce que la única persona que lo puede ayudar es Jesús. Jesús da sanación. Jesús da vida. La única conclusión a la que la fe puede llegar es que usted necesita estar donde Jesús está. Donde está Jesús hay vida. El samaritano conoce que Jesús tiene más dones. Se aferra a Jesús... Él [Jesús] le bautizó haciéndole así propiamente un hijo de Dios. Le absuelve una y otra vez, le alimenta con el interminable banquete de su cuerpo y su sangre para su salvación. No solamente cuando usted está en problemas, cuando las cosas no funcionan, cuando las cosas no van bien de acuerdo a su plan, cuando necesita ser tomado de la mano por Jesús. Sus dones son para usted siempre, hasta la eternidad. Sus dones no son dados para una sola ocasión sino que son un manantial de perdón, vida, y salvación que fluye continuamente.[3]

El primer ejemplo confrontó muchos desafíos, pero éste es totalmente opuesto. Primero, el pasaje es correctamente interpretado con el énfasis en Dios en vez de en el leproso o el samaritano. El samaritano tiene un lugar, pero es a los pies de su Dios. Segundo, el evangelio es enfatizado en este pasaje como opuesto a la ley. No hay llamamiento para que el individuo mejore su vida o su condición. En vez de eso el oyente es dirigido hacia el único que trae salvación: Dios, en Cristo. Finalmente, la mayor diferencia es en relación a Jesús. Mientras el primer pasaje colocó a Jesús en el estante sin ofrecerle ningún papel en el sermón, este pasaje coloca a

3 Extracto de un sermón predicado el día de Acción de Gracias del año 2013 por el Rev. Michael Kumm, en la Iglesia Luterana Trinidad en Millstadt, Illinois.

Jesús en el frente y en el centro del sermón. Preste atención a los verbos usados que indican la acción de Jesús. Jesús es descrito como el que "le bautizó haciéndole así propiamente un hijo de Dios". Es también el que le "absolvió una y otra vez". Él "le alimenta con el interminable banquete de su cuerpo y su sangre". Jesús es la figura central de este sermón y él está haciendo grandes, maravillosas, y eternas cosas para el creyente, tal y como prometió hacer.

El mayor desafío que los predicadores modernos enfrentarán es el de permitir que Jesús hable en el sermón. No quiero decir que debe agregarse un gran número de citas bíblicas, tampoco implica esto algún tipo de payasadas de trucos contemporáneos que harían presente a Jesús mediante el uso de metáforas o símiles. Él no está presente mediante un argumento bien presentado, tampoco debe el predicador saltar al frente de la línea vistiéndose como Jesús mientras golpea las cabezas de sus oyentes con una representación dramática de una falsa encarnación.

Hacer hablar a Jesús en el sermón significa otra cosa totalmente diferente, que toma tiempo considerar, meditar mediante una buena reflexión y discusión pastoral, y luego ponerla en práctica. Los cambios a nuestra teología de la adoración deben ocurrir lentamente y deliberadamente mediante la consulta y el consejo de colegas en el ministerio. El resultado final podría ser uno que permita a Jesús ser el actor y el portador de salvación y consuelo en toda la predicación. Esto podría significar que las prácticas de la alta crítica que refrendan a Jesús y lo colocan sobre un lindo estante, usado solamente a la conveniencia del predicador, podría cesar. Jesús dejaría de ser un mero maestro de moral. No será considerado como mero contenido de la exégesis o aquel que automáticamente asiente resignadamente a cualquier cosa que el predicador quiera. Los efectos de la alta crítica en la predicación son nocivos a la eficacia de la Palabra predicada. Quizás el mayor pecado del siglo 20 ha sido permitir que esa oposición a Cristo se infiltrara en la iglesia cristiana casi sin resistencia. La teología sistemática protegió la puerta delantera, pero la mala predicación entró por la puerta trasera.

El deseo de Cristo es traer salvación a este mundo y liberarlo de las ataduras de su condición pecaminosa. Esta liberación es ofrecida a toda la creación mediante la proclamación de la Palabra. Este deseo de salvar a la creación mediante la palabra hablada puede ser claramente visto en la historia del centurión que vino a Jesús pidiendo sanación.[4] Jesús estaba dispuesto a ir a la casa y sanar al sirviente, pero el centurión sólo le pidió que dijera la palabra. Este centurión sabía y creía que la palabra de Jesús era autoritativa ya que Jesús mismo poseía autoridad. Mediante esa autoridad y por su mandamiento era innecesario para Jesús visitar al siervo enfermo. Su palabra sería suficiente. Esa palabra haría lo que él dice que haría. La Palabra era suficiente.[5]

Ésta es la verdadera naturaleza de Jesús mismo que existe desde la eternidad como la Palabra hecha carne.[6] Él es aquel que no solamente estuvo con Dios en el principio, sino que en su propia naturaleza es el Santo que obra por medio de su Palabra proclamada para crear y, ahora en el tiempo presente, re-crea a este mundo mediante el perdón de nuestros pecados. Lo que Jesús ofrece es una verdadera liberación del pecado, la muerte, y el poder del diablo. Esto ocurre permitiéndole al predicador hablar las Escrituras y predicar su sermón de manera tal que permita que Jesús mismo esté presente, vivo, y activo mediante esas palabras. Como dijo Lutero: "Mediante el oficio de la predicación y el perdón de los pecados las almas aquí son resucitadas del pecado y de la muerte."[7]

4 Mateo 8:5-13.

5 "Para Lutero... la predicación cristiana –cuando es fiel a la palabra de Dios en las Escrituras acerca de nuestra necesidad y la respuesta de Dios a ella– es Dios hablando. Cuando se enfoca en lo que Dios ha hecho por el mundo en Jesucristo, es Dios hablando. Cuando invita a la fe y presenta a Cristo para que esa fe sea posible, es Dios hablando. Es el discurso audible de Dios para todos los que escuchan como si Cristo mismo hubiera hablado" (Fred Meuser, *Luther the Preacher* (*Lutero el predicador*) [Minneapolis: Augsburg Publishing House, 1983], 12).

6 Tanto Gerhard Forde como Herman Stuempfle notan el énfasis de Lutero de que el evangelio es inherentemente las acciones de Dios hacia las personas. Forde nota las acciones de Dios señaladas por Lutero enfatizando la antítesis entre el pecado y la gracia. Ver la obra de Gerhard Forde *Theology Is for Proclamation* (*La teología es para proclamación*) (Minneapolis: Fortress Press, 1990), 85, mientras que Stuempfle nota las acciones de Dios señaladas por Lutero mediante la revelación de Dios mismo a través de la ley y el evangelio. Ver la obra de Herman Stuempfle *Preaching Law and Gospel* (*Predicando ley y evangelio*) (Ramsey: Sigler Press, 1990). 17.

7 Martin Luther, *Word and Sacrament II* (*Palabra y Sacramento II*) (Philadelfia: Augsburg Fortress Press, 1959), 35.

ACTIVIDADES DE CLASE / DISCUSIÓN DE GRUPO

1. Analice algunos de los desafíos que la escuela de la alta crítica ha puesto sobre la perspectiva del predicador acerca de las Escrituras y de su propia predicación.

2. ¿Qué perspectiva de la Escritura ha presentado la alta crítica al predicador?

3. ¿Cómo anima la alta crítica al predicador a ver a Jesús durante la predicación?

4. ¿Cómo está Jesús, el Hijo de Dios, presente en la predicación?

5. ¿Cuál es el continuo desafío que los predicadores enfrentamos en este mundo al hablar de Jesús? ¿De qué forma podemos hablar de Jesús para que no permanezca distante o en el pasado?

DISCUSIONES FUERA DE CLASE / TAREAS

1. Que el instructor (o los alumnos puedan ver ejemplos de sermones propios) identifique pasajes que hablan de Jesús en tiempo pasado, de una manera distante, inactiva o pasiva. Comparta con la clase. Ahora reescriba el mismo pasaje de forma tal que Jesús esté en tiempo presente, cercano, y activo.

2. Lea la sección sobre el Bautismo del Catecismo Menor de Lutero y la respuesta a la pregunta: ¿Qué dones o beneficios confiere el Bautismo? ¿Cuáles son las cosas que el Bautismo realmente logra?

3. Lea la sección sobre la Santa Cena del Catecismo Menor de Lutero. ¿Qué nos ofrece realmente la Santa cena?

4. Si el Bautismo y la Santa Cena realmente puede hacer dichas cosas, comparta las cosas seguras y reales que la predicación hace por el pueblo de Dios.

5. ¿Cómo podemos hablar de Jesús de forma tal que no permanezca distante o en el pasado?

CAPÍTULO 6

UN ENFOQUE TRINITARIO DE LA PREDICACIÓN

Dios el Espíritu Santo

Mediante la palabra proclamada de la predicación, la creación caída se encuentra cara a cara con Jesucristo, quien por su verdadera naturaleza anhela redimirla, y lo ha hecho a través de su muerte y resurrección. Esto es ahora ofrecido a cada persona no solamente a través del Bautismo y la Santa cena, sino continuamente por la proclamación de una palabra de liberación a los cautivos en este mundo por medio de los predicadores y los creyentes. Jesús no solamente hace esto hablando acerca de la salvación como una cosa, tampoco hace esto al hacer una disección, destruyendo así el concepto de la salvación. Jesús no se mantiene fuera del alcance de esa salvación de manera que solamente pueda ser examinado o reflexionado como una realidad lejana que no pueda ser entendida por las personas ordinarias.

Como dicen las Escrituras, no solamente "la fe viene por el oír"[1] sino que algo muy real y tangible también ocurre en el momento presente en la creación (lo que podría ser de gran molestia para aquellos que abrazan el método histórico crítico). La palabra de Jesús permanece en muchos círculos como una palabra que todavía puede ser proclamada de forma tal que permita a Jesús ser quien es: el portador de la salvación de manera que aquellos que escuchan su palabra de liberación tengan la oportunidad de poseerla, y creyendo tengan salvación aquí y ahora.[2]

1 Romanos 10:17: Así que la fe proviene del oír, y el oír proviene de la palabra de Dios.

2 Lutero dice: "El artículo principal y fundamental del evangelio es que antes de que puedas tomar a Cristo como un ejemplo, debes aceptarlo y reconocerlo como un don, regalo que Dios te ha dado y que es tuyo. Esto significa que cuando ves o escuchas a Cristo haciendo o sufriendo algo, no dudes que Cristo mismo, con sus acciones y sufrimientos te pertenece. Puedes confiar en esto como si lo hicieras tú mismo; así como si fueras Cristo tú mismo. (Richard Lischer, *Theories of Preaching* (*Teorías de la Predicación*) [Durham: The Labyrinth Press, 1987], 95).

Es muy fácil para los pastores quedar atrapados en la miríada de voces conectadas a la teología y a la predicación. Esas voces y el ruido general de este mundo caído facilitan que uno se olvide de una premisa muy simple: el evangelio es para ti, el oyente. Los ángeles anunciaron esta grandísima obra de Cristo diciéndoles a los pastores: "Hoy, en la ciudad de David, les ha nacido un Salvador, que es Cristo el Señor" (Lucas 2:11). Dios escogió la proclamación para que sea el medio creador de la salvación redentora. Mediante este mismo acto, Jesús revela su amor por la creación y por cada persona dentro de la misma.

A un nivel muy básico, cualquier forma de discurso requiere dos cosas: un orador que habla y un oyente que recibe lo que se habla. Desde el primer amanecer hasta el final de nuestros días, Dios mismo ha establecido que la naturaleza de la salvación que viene a nosotros fluya de acuerdo a este patrón de hablar y escuchar. Él lo hace de manera tal que las personas recibirán salvación escuchando la Palabra proclamada a ellos, absorban esa Palabra y se adueñen de ella.

El Espíritu Santo es el gran Consolador.[3] Escoge no hablar de sí mismo sino que se satisface en apuntar a aquel quien redime a la creación aquí y ahora. Este propósito se logra en forma muy simple: creyendo. El Catecismo Menor dice: "Creo que ni por mi propia razón, ni por mis propias fuerzas soy capaz de creer en Jesucristo, mi Señor, o venir a él; sino que el Espíritu Santo me ha llamado mediante el evangelio, me ha iluminado con sus dones, y me ha santificado y conservado en la verdadera fe."[4] El Espíritu Santo hace que la gente crea. Ese creer comienza al escuchar la Palabra de Dios que es proclamada a las personas que anhelan escuchar dicha Palabra.

La predicación es el medio mediante lo cual eso ocurre. Como dijo Lutero: "Mediante el oficio de la predicación y del perdón de pecados, las almas son resucitadas de sus pecados y de la muerte."[5] Cuando las personas escuchan que el evangelio es para ellos, cuando creen que el evangelio

3 "Pero el Espíritu Santo, a quien el Padre enviará en mi nombre, los consolará y les enseñará todas las cosas, y les recordará todo lo que yo les he dicho" (Juan 14:26).

4 Catecismo Menor, *Libro de Concordia*, 360.6.

5 Martin Luther, *Word and Sacrament II*, 299.

es para ellos, cuando el predicador les ofrece la oportunidad de ver esto, la fe puede nacer. Ésta es la razón por la cual el oficio de la predicación nunca se debe ver como algo insignificante y las palabras de un predicador nunca deben ser minimizadas como inefectivas. Los predicadores mismos nunca deben tratar estas palabras de forma frívola, sino mostrarles el mayor respeto, porque fue mediante la proclamación de la Palabra que el mundo fue creado.

Y es mediante la proclamación que el mundo es re-creado a través de Cristo. Mediante esta recreación verbal, Dios está renovando y rehaciendo su creación. Aun cuando el pecado permanece, aun cuando permanecen recuerdos dolorosos, aun cuando la muerte será el fin antinatural de cada ser humano, mediante la predicación a las personas se les anuncia que son nueva creación en Cristo. A través del Espíritu Santo las personas creen que nacen de nuevo en él.

Lutero dijo: "Es Dios quien nombra o llama y lo que él llama llega inmediatamente a existir."[6] Una verdadera forma trinitaria de predicación no sólo le permite a Dios ser el actor y al Hijo ser aquel quien está obrando salvíficamente, sino también muestra al Espíritu Santo haciendo posible la apropiación de la fe en las personas que escuchan. Aunque es posible creer en un objeto o en una cosa como una realidad física estática, creer tiene una connotación[7] diferente. Creer cuando se trata de la fe cristiana inherentemente significa creer en alguien. Creer significa confiar que esa persona particular hará lo que él o ella ha prometido hacer. En el caso de la salvación, es en la obra de Jesucristo nuestro Señor. Significa creer en aquel quien nos ha hecho nuevos en Cristo. Y significa creer que nosotros mismos somos de hecho personas nuevas porque Dios lo ha dicho así. No hay otra razón. Dios nos trae a la existencia y lo que él llama automáticamente existe.

En el Antiguo Testamento, Dios era conocido como el Señor (YHWH). El nombre indecible de Dios tenía su raíz en un verbo que fue luego traducido en el Nuevo Testamento como "Yo soy" que fue el nombre

6 Martin Luther, "This is My Body" en *Word and Sacrament III* (Philadelphia: Augsburg Fortress Press, 1961), 117.

7 En respuesta a los fanáticos Lutero dijo: "Cuando alguien apunta a una cosa sabemos lo que está diciendo" (Lutero, *Word and Sacrament II*, 337).

que Jesús tomó para sí mismo, y por el que casi lo apedrean.[8] Lo que es importante para los predicadores es recordar que Dios mismo es el único quien puede reclamar existencia por sí mismo. Es el único que existe en sí y por sí mismo en la creación. No necesita aire para respirar ni suelo para caminar. No necesita la luz del sol de día ni la de la luna por la noche. No necesita la fuerza de la gravedad de la tierra para sobrevivir o el calor de un sol particular para no sufrir frío. Él es Dios. Él existe por sí mismo. Y como tal, es el único que tiene autoridad para declarar que somos nuevas criaturas en Cristo. Dios es el único que puede reclamar una nueva existencia para nosotros quienes necesitamos de la fuerza de la gravedad de la tierra para caminar, del sol para mantenernos cálidos y del aire para respirar. Él es el único que puede hacer que otros vengan a existir. Él es el único que nos puede llamar con un nombre nuevo, el único que puede declarar que somos un nuevo pueblo, es el único que puede declarar santos a los pecadores. Cuando habla, lo que él llama viene inmediatamente a existir.[9] Mediante la predicación esto es lo que ocurre. Mediante la predicación los pecadores no solamente conocen que son una nueva creación, sino que también pueden creer que lo son, que realmente son santos.

La predicación de Jesucristo y de éste crucificado, literalmente tiene la habilidad de transformar vidas. Cuando las personas escuchan y creen que son nuevas criaturas, se convierten en nuevas criaturas en Cristo. Mediante este tipo de predicación, que invita a las personas a creer en Cristo como su salvación, su creencia gana una seguridad y una certeza que no habían podido tener antes porque no habían recibido esa invitación anteriormente. Las personas no pueden creer a menos que escuchen, y lo que escuchan y cómo lo escuchan puede hacer toda la diferencia en el mundo. Esta certeza viene cuando pueden creer, sin una sombra de duda, que todas las acciones y sufrimientos de Cristo fueron realizados a favor de ellas, y les pertenecen a ellas. Jesús no sufrió, murió, y resucitó para su propio beneficio. Todo lo hizo a favor nuestro. Y es para usted, el oyente, a quien la predicación debe últimamente apelar porque Cristo se vuelve muy

8 Ver Juan 8:58.

9 Lutero, *Word and Sacrament II*, 299.

insatisfecho cuando su don de vida eterna se desperdicia y no se comparte en toda su potencia y vitalidad.[10]

En el jardín del Edén Satanás les mintió a Adán y a Eva. Les hizo creer que la palabra de Dios no era suficientemente eficaz. Les hizo creer que ellos podrían encontrar libertad y vida en sí mismos. El diablo, Adán, y Eva estaban equivocados al creer esto. Pero ahora Cristo nos está llamando a mirar hacia él, y una vez más hacer que la humanidad mire hacia sus sufrimientos y muerte de forma tal que no dude en que Cristo mismo, con sus acciones y sufrimientos, nos pertenece. Al momento de creer, la mentira de Satanás es deshecha y el nuevo Adán, en cada uno de nosotros, comienza a mirar hacia el árbol de vida eterna en la cruz, maduro, con el fruto del cuerpo y la sangre de Cristo. En Cristo todas las personas son alimentadas de forma tal para que podamos vivir en la nueva creación para siempre.

Esto es lo que la predicación hace. No habla o platica meramente de Cristo. La predicación toma nuestras manos y nos guía hacia la cruz, hace girar nuestras cabezas hacia Jesús y nos invita a recibir todo lo que él ha hecho por nosotros. La buena predicación nos invita a encontrar descanso para nuestras almas en él y no en nosotros. La buena predicación nos estimula a alimentarnos en Cristo y a estar satisfechos con él y no con nuestras propias obras. Satanás no quiere que creamos que la muerte y resurrección de Jesús fue por nosotros. Satanás hará absolutamente cualquier cosa para robarle esto a la iglesia de Cristo. Pero dejemos que lo intente. Cristo nunca dejará de predicar su evangelio mediante sus siervos en momentos de persecución y hambruna, desnudez o espada.[11]

10 Ver apocalipsis 3:15 y la condenación que Jesús declara sobre la congregación de Laodicea debido a su indiferencia.

11 Romanos 8:35.

ACTIVIDADES DE CLASE / DISCUSIÓN DE GRUPO

1. ¿Por qué es fácil olvidar algunas premisas en la predicación (o sea, que el evangelio es para usted)?

2. De acuerdo al significado del Tercer Artículo del Credo, ¿cuál es el papel principal del Espíritu Santo cuando las personas escuchan la palabra de Dios?

3. ¿Cómo es la existencia de Dios la fuente de la cual brota nuestra nueva existencia en Cristo?

4. ¿Qué es lo que quiere Satanás que usted crea?

DISCUSIONES FUERA DE CLASE / TAREAS

1. Mire sermones que usted haya predicado anteriormente o sermones que haya escuchado. ¿Cuáles han sido los momentos cuando el predicador ha dicho a la congregación esta predicación es para ustedes?

2. ¿Cuáles son las maneras en que el predicador podría hablar la Palabra para que sus oyentes tengan la oportunidad de escucharla y finalmente creer en Jesús?

3. A través de la predicación Dios declara al pueblo que son nueva creación en Cristo, y por esa declaración somos nuevas criaturas en Cristo. Tome nota de sus momentos en la predicación donde ocurre una declaración similar y comparta con la clase.

CAPÍTULO 7

PREDICANDO DESDE LA LEY AL EVANGELIO

"Se ha manifestado la justicia de Dios."
–Romanos 3:21

Los predicadores deben considerar el tipo de contenido que se predica. No se trata solamente de colocar palabras adecuadas de una manera correcta. La predicación tampoco es una experiencia mística, nebulosa, en la que simplemente el predicador va a balbucear. El verdadero punto central de la predicación es creer. La pregunta acerca de la cual deben estar preocupados los predicadores es si su predicación permite o no a las personas la oportunidad de creer que Jesús es el Cristo y para que al creer tengan vida eterna.[1] Esta creencia no ocurre simplemente por el contenido. Si ése fuera el caso entonces los predicadores podrían simplemente citar la Biblia en su sermón y eso sería suficiente.[2] Moviéndonos un paso hacia delante, si esto fuera verdad, la gente simplemente se quedaría en sus hogares, leería su Biblia y nunca vendría a la iglesia. Pero éste no es el caso y nunca lo ha sido. ¿Por qué no? ¿Qué es lo que la predicación logra que la sola presentación de la Biblia no hace, o al menos añade un apéndice necesario que puede no estar existencia?

Con el fin de comprender mejor estas razones necesitamos recordar nuestros orígenes una vez más. Este mundo y toda su creación fueron creados perfectamente por Dios. Esta creación ocurrió mediante la palabra hablada. La proclamación de Satanás de una palabra diferente y la

1 Juan 20:31.

2 Esto puede ser considerado como un acercamiento tipo "Gedeón" en predicar la Palabra. El ministerio "Gedeón" es conocido por su distribución de Biblias en los hoteles principalmente.

creencia de Adán en esa palabra llevó a la caída de la creación, dejando al mundo corrompido hasta el regreso de Cristo. La venida de Cristo a este mundo no sólo trajo una palabra nueva y redentora, quien vino también como esa misma Palabra encarnada. Desde la predicación del *proto evangelium* (primer evangelio) en el jardín del Edén y el cumplimiento de esa palabra en la humanidad de Cristo durante la encarnación, ha existido una nueva Palabra que vino a este mundo para ser vista y escuchada por todos mediante la persona, obra, y mensaje de Jesucristo, todavía predicado en todo el mundo.

La verdadera naturaleza y propósito de la palabra de Jesús predicada es que las personas puedan creer (en Cristo) y para que creyendo tengan vida eterna. Es esta palabra que es intencionalmente proclamada a través de la palabra predicada y aún en el discurso cristiano diario. Lo que es particular acerca de este discurso no es que Cristo sea su propio contenido. Más bien es el Cristo proclamado quien mueve a las personas de la incredulidad a la fe, de muerte a vida, de impiedad a santidad. Es este tipo de discurso el que es una verdadera predicación cristiana. En la Iglesia Luterana con frecuencia estos términos son referidos como ley y evangelio. Pero es vital que el predicador cristiano no se equivoque pensando que él simplemente puede decir estos términos. Lo que es vital cuando se les ofrece a las personas la oportunidad de creer el evangelio es tener un movimiento desde la ley hacia al evangelio.

Podría tener sentido literario describir primero los términos ley y evangelio antes de usarlos. Sería similar a describir los bloques usados por un niñito antes de tomarlos y colocarlos de cierta manera. Sin embargo, es importante entender a estos "bloques" para que puedan ser usados correctamente. La meta final de un sermón es el movimiento de la ley hacia el evangelio. Así como los cristianos han pasado de la muerte a la vida, así también los predicadores deben mover a los oyentes desde la muerte de la ley hacia la vida que encontramos en el evangelio.

La ley no debe ser vista o descrita como una "cosa". Es mejor entendida como una acción.[3] La ley fácilmente puede ser descrita como aquello

3 A través de Romanos 3 San Pablo habla de la ley obrando sobre las personas: para que todos callen y caigan bajo el juicio de Dios (v 19), y están destituidos de la gloria de Dios (v 23); señalando acciones y no cosas.

que muestra nuestro pecado. Pero aún mucho más, la ley es el pronunciamiento de Dios hacia toda la creación que dice que por causa de la caída en pecado todas las personas, animales, tierra, y todo dentro de la naturaleza ha sido corrompido. Por eso se dice ahora de la creación que está "caída". Parte integrante de la naturaleza caída de la creación no es solamente la muerte y la desintegración del orden físico, sino como con la caída original de Satanás, la mayor corrupción ocurrió cuando el ser humano dejó de creer en Dios como su único proveedor y en vez de eso buscó en sí mismo su satisfacción espiritual. Debido a que su corazón, mente, y alma habían sido corrompidos, el hombre no tenía el poder para tener fe y creer en Dios. El hombre fue creado para estar cara a cara con Dios a media que él soplaba el evangelio de vida en el rostro de Adán.[4] Pero desde la caída se alejó de Dios y ya no tiene el poder y la habilidad de regresar a él mediante sus propios esfuerzos. Ésta es la más grande consecuencia de la caída en el pecado.

Ahora la humanidad no sabe lo que estamos perdiendo. Desde que perdimos nuestro entendimiento y conocimiento natural de la bondad de Dios, no tenemos idea de cuán maléficos son Satanás y sus tentaciones. Ésta es la razón por la que Dios proveyó la ley. La ley fue dada para mostrarle al hombre su estado caído y fue escrita por Dios para enseñarle a él cuál hubiera sido el estado de la creación si no hubiera caído en pecado. La mejor evidencia de esto son los Diez Mandamientos divinos.

¿Para qué son los Diez Mandamientos? Muchas denominaciones dicen que fueron escritos para que el hombre los cumpliera. El mandamiento dice: "No matarás" y el hombre no mata. Tiene sentido creer que ha cumplido el mandamiento. Si el mandamiento dice: "No cometerás adulterio" y el hombre no comete adulterio puede parecer que ha cumplido el mandamiento. Y entonces esa persona mediante su aparente habilidad de cumplir la ley, se enorgullece de sus logros espirituales creyendo que es justa delante de Dios. Necesitamos la ley. Y damos gracias que la ley es santa y que los mandamientos son santos y justos y buenos.

4 Entonces, del polvo de la tierra Dios el Señor formó al hombre, e infundió en su nariz aliento de vida. Así el hombre se convirtió en un ser con vida (Génesis 2:7).

Contemplar la ley sin considerar nuestra condición caída sería una necedad. La ley es justa y buena. No hay nada erróneo con ella.[5] Ésta es la razón por la cual Dios no reescribió la ley después que caímos en pecado. El desafío es que ahora somos totalmente incapaces de cumplir la ley.[6]

Esto no tiene sentido para nuestras mentes pecaminosas. Y por nuestra naturaleza pecaminosa no entendemos estas cosas divinas. Sin embargo, si añadimos a la discusión un intento de entender la ley de acuerdo a las palabras de San Pablo, podríamos comprenderla con mayor facilidad. San Pablo dice: "Pero el hombre natural no percibe las cosas que son del Espíritu de Dios, porque para él son una locura; y tampoco las puede entender, porque tienen que discernirse espiritualmente" (1 Corintios 2:14), y "la ley sirve para reconocer el pecado" (Romanos 3:20). Estas palabras de San Pablo aquí y en la carta a los Romanos ayuda a la iglesia cristiana a entender completamente el verdadero propósito de la ley. Fue dada para que el pecado aumentara y por ese aumento el hombre pecaminoso pudiera entender completamente su enorme fracaso en su intento de apaciguar a Dios. En este sentido, la ley tiene éxito al hacernos entender lo que no tiene sentido racionalmente para nosotros: que en realidad somos seres pecadores.

La ley fue dada misericordiosamente por Dios para que los hijos de Adán pudieran comprender su actual condición a causa de la caída: que desde nuestra concepción y por naturaleza no creemos en Dios, no buscamos a Dios, no confiamos en él, no le amamos, no lo complacemos y por nosotros mismos nunca lo haremos. Pero el deseo de Dios no es solamente que la humanidad entienda que es pecadora. El médico necesita que el paciente entienda la gravedad de su enfermedad para que también entienda el deseo del médico de ofrecerle sanación en formas nuevas y desconocidas para el paciente. Ésta es la razón por la cual Dios no solamente

5 Romanos 7:12-14 dice: "Podemos decir, entonces, que la ley es santa, y que el mandamiento es santo, justo y bueno. Pero entonces, ¿lo que es bueno, se convirtió en muerte para mí? ¡De ninguna manera! Más bien el pecado, para demostrar que es pecado, produjo en mí la muerte por medio de lo que es bueno, a fin de que por medio del mandamiento llegara a ser extremadamente pecaminoso. Sabemos que la ley es espiritual. Pero yo soy un simple ser carnal, que ha sido vendido como esclavo al pecado.

6 Romanos 3:19: "Pero sabemos que todo lo que dice la ley, se lo dice a los que están bajo la ley, para que todos callen y caigan bajo el juicio de Dios."

proclama su ley sino que mayormente desea proclamar a la humanidad el evangelio. El evangelio puede ser fácilmente entendido mediante las palabras de Romanos 3 donde Pablo dice que "aparte de la ley, se ha manifestado la justicia de Dios" (Romanos 3:23). Es una cosa ser declarado culpable por la ley, pero es algo completamente diferente y maravilloso para el hombre culpable ser declarado inocente. Eso es lo que el evangelio hace.

El evangelio llama a la gente a abandonar sus pecados. Invita a las personas a dejar de escuchar sus conciencias acusadoras. El evangelio nunca debe ser confundido con un mero conocimiento de Jesús. Muchas denominaciones simplemente hablan acerca de Jesús o comparten información de su vida, de la cultura a la que pertenecía o de lo que comía y bebía. Pero ese discurso pierde de vista la razón fundamental por la que Jesús vino. Dicho discurso es relativamente inofensivo porque es peligrosamente neutral. Deja a la gente anclada en la ley y presenta a un Jesús inofensivo, incapaz de llamar a las personas a nueva vida en él. Ésta es la razón por la cual la predicación nunca habla de ley y evangelio como objetos estáticos. No están separados, no son inexistentes, y tampoco son dos caras de la misma moneda.[7] La predicación del movimiento de la ley hacia el evangelio es finalmente la acción divina de sacar a la gente de la muerte hacia la vida. Si la predicación falla en capturar este movimiento de arrepentimiento de muerte hacia la vida, inherentemente mantendrá a Jesús separado de su muerte (por razón de la ley) y su resurrección (victoria sobre la ley) y no permitirá a las personas escuchar las buenas nuevas de salvación auténtica.

Las buenas nuevas para las personas es que a pesar de su pecado natural, a pesar de su pecaminosidad constante, a pesar de sus pecados mentales, Dios las ha declarado nueva creación en Jesús. Cuando las personas entran en las aguas bautismales, lo hacen solas, pero cuando emergen de ellas están conectadas con Cristo y son halladas en él (Romanos 6). El Bautismo fue el primer paso, entonces la predicación se afianza cuando esa nueva persona emerge de las aguas. Dios llama a los cristianos por nombre para que regresen a él, a aquel quien los recibe con brazos abiertos.

7 Los predicadores nunca deben ver a la ley y al evangelio como una forma de "Ying/Yang" o cualquier otra forma de dualismo filosófico.

El hombre no sufre esta vida a causa de sus pecados. El hombre sufre para ser recordado que es salvo por gracia y no por sus propias obras. No hay necesidad de que el hombre sufra o que Dios lo castigue en esta vida. Dios castigó a su Hijo por nuestro pecado y no hay pago posible que el hombre pueda realizar para expiar su pecado. El hombre por sí mismo no puede satisfacer a Dios o pagar por su pecado. Es la razón por la cual Dios no castiga al hombre por su pecado en esta vida. Si pudiéramos expiar nuestros propios pecados esto implicaría que Jesús no hubiera tenido necesidad de morir por nosotros. Y es la razón por la cual el evangelio, en toda su plenitud y vitalidad, nos invita a dejar de sufrir por nuestro pecado, a dejar de sentirnos condenados por el mismo y a abandonar la vida pecaminosa. Todo esto porque en Cristo la humanidad ha sido liberada.

Hay poca discusión en la literatura homilética acerca del movimiento de la ley hacia el evangelio. Finalmente estos términos son discutidos en forma separada como construcciones teológicas. Pero quizás la mejor y más precisa manera de discutir estos términos consiste en dejar de verlos como elementos estáticos que de alguna manera tienen vida propia. En lugar de esto, estos términos deben ser percibidos como una unidad, conectadas por la caída en el pecado y la gracia que Dios ha prometido y ofrecido en Jesucristo. La predicación del evangelio no es un asunto unilateral. El evangelio debe ser predicado porque el pecado realmente existe. Regresando a los comienzos de la creación, es fácil ver cómo Dios habló una palabra nueva, contrarrestando así la palabra proclamada por Satanás. Esta nueva palabra fue una buena palabra y una buena noticia de que Cristo Jesús vendría, y sería castigado en la cruz por los pecados de todo el mundo. Fue la proclamación de este primer evangelio lo que permitió a Adán y a Eva creer. Fueron invitados a creer en el primer sermón redentor donde Dios prometió que traería perdón de pecados. Fue esta palabra proclamada que permitió que Adán y Eva creyeran en lo que Cristo haría. Y creyendo una vez más, Adán y Eva recobraron su fe y confianza en Dios tal y como fue en el comienzo de la creación.

ACTIVIDADES DE CLASE / DISCUSIÓN DE GRUPO

1. ¿Por qué hubo énfasis en la discusión del movimiento de la ley hacia el evangelio? (Sugerencia: recordar los bloques de los niños).

2. ¿Qué es la ley? ¿Qué hace la ley?

3. ¿Por qué es importante para nosotros que conozcamos y que recordemos que somos pecadores?

4. Leer Romanos 3:20. ¿Por qué nos fue dada la ley?

5. ¿Por qué quiere Dios que veamos el aumento de nuestro pecado?

6. ¿Qué hace el evangelio?

7. Leer Romanos 3:20 de nuevo. ¿Cómo viene el evangelio a la gente?

DISCUSIONES FUERA DE CLASE / TAREAS

1. ¿Cuáles son algunas maneras en que algunos cristianos ven la ley y el evangelio diferente de los luteranos?

2. ¿Por qué Dios no nos castiga por nuestro pecado en esta vida?

3. Si Jesús fue castigado por nuestros pecados, ¿por qué entonces enfrentamos sufrimiento, tentación, y pecado en este mundo?

CAPÍTULO 8

PREDICANDO LA BIBLIA

"Y la Palabra se hizo carne"
–Juan 1:14

Cuando un predicador predica a menudo escuchamos la Biblia. Pero otras veces no la escuchamos. A través de la historia del cristianismo, el papel de las Escrituras ha sido percibido de diferentes maneras en relación a la predicación. Hubo un período homilético en la iglesia primitiva cuando las Escrituras eran usadas como textos de prueba para apoyar lecciones morales. Hubo también algunos períodos donde el papel central de las Escrituras no era enfatizado.[1] Lutero habló de cómo Alemania fue llenada con una predicación centrada en fábulas e historias folclóricas en vez de una predicación basada en las Escrituras.[2] En Europa y los Estados Unidos la predicación fue frecuentemente afectada por la escuela de la alta crítica.

La escuela de la alta crítica afectó grandemente la manera en que el pueblo percibió las Escrituras. La gente comenzó a hacerse preguntas acerca de la veracidad histórica de las Escrituras, su papel en la historia, y aún se llegó a cuestionar la divinidad de Cristo. Supuestamente la intención de la crítica histórica era la de involucrar a la iglesia en la vida

1 Para una discusión más amplia de este tópico ver Una historia de la predicación (A History of Preaching) de Scott Wilson.

2 "La razón por la cual el mundo está tan perdido y en error es porque por mucho tiempo escasearon predicadores genuinos. Quizás hay tres mil sacerdotes, entre los cuales no podemos encontrar cuatro buenos… y cuando encuentras uno, este presente el evangelio superficialmente seguido de una fábula acerca de un viejo asno o un cuento sobre Dietrich de Berne, mezclándolo con maestros paganos, Aristóteles, Platón, Sócrates y otros, completamente opuestos al evangelio, y a Dios, ya que no poseen el conocimiento iluminado que nosotros tenemos. (Martin Lutero, Sermones I [Sermons I] [Philadelphia: Fortress Press, 1959], 51:64).

histórica y textual de las Escrituras. Sin embargo, el resultado final fue que el hombre intentó una vez más convertirse en juez y señor de la palabra de Dios. Ciertamente la iglesia fue afectada en el campo exegético, histórico, y sistemático. El efecto sobre la predicación fue desastroso y Europa y Estados Unidos todavía no se han recuperado del mismo.

En el año 1971 con la publicación de *As One Without Authority* (*Como uno sin autoridad*), se intentó un enfoque diferente en la predicación. Existía una creencia general entre los expertos de la homilética de que la Escritura no era inerrante como se asumía anteriormente, y en realidad está condicionada culturalmente. Esto significaba que la Biblia carecía de autoridad y si ése era el caso entonces también los predicadores carecían de la misma. Debido a este sentimiento prevaleciente, los predicadores fueron estimulados a encontrar otra manera en que la gente pudiera creer en Jesús sin tener a las Escrituras como la fuente primaria de ese conocimiento y creencia. El resultado fue que los predicadores comenzaron a incursionar en el uso de diferentes recursos retóricos para alcanzar a las personas, especialmente mediante el uso de la narrativa. Se había establecido una creencia común, que una narrativa podía ser neutral y ser mejor recibida por la audiencia que contar una historia bíblica o escuchar a un pastor presentar supuestas verdades. Independientemente de la disciplina retórica particular, el efecto fue el mismo: ya que las Escrituras eran incapaces de presentar a Cristo a la gente, la predicación por tanto necesitaba emplear diferentes tácticas para que ellas pudieran creer en Jesús.

La iglesia frecuentemente ha luchado con la pregunta del papel de las Escrituras en la predicación. Esta confusión sobre la palabra de Dios comenzó en el Edén y continuará hasta el regreso de Cristo. Pero la iglesia no tiene que abandonar las Escrituras en la predicación. La predicación es mucho más que presentar simples verdades históricas o proponer principios de sabiduría a los oyentes.

Cada predicador debe comenzar un sermón con la Escritura. Éste es también el lugar donde el predicador termina su sermón. Esto no quiere decir que las iglesias y los cristianos no continuarán luchando con las Escrituras; está en nuestra naturaleza luchar contra la palabra de Dios. Pero por suerte para nosotros, e independientemente de nuestros malentendidos y malas interpretaciones de las Escrituras, Cristo ha prometido que su Palabra permanecerá para siempre y será un testimonio para todas las generaciones.

La palabra que Dios trae es mejor descrita homiléticamente –como fue propuesto anteriormente– como una predicación trinitaria. Al acercarse a las Escrituras, los predicadores deben visualizarlas, en primer lugar, como el medio por el cual Dios está tratando de salvar a su pueblo. A lo largo de las Escrituras, algo mucho más grande sucede, que va más allá de aprender información o inculcar principios morales. Las Escrituras son más que simplemente enseñar una lección histórica o la separación correcta de ley y evangelio. En última instancia, Dios, mediante sus Escrituras, desea que la gente crea que la salvación por medio de Cristo les pertenece.

Cuando los predicadores leen las Escrituras, especialmente las lecturas históricas del leccionario, siempre deben hacerlo sabiendo que Dios desea confrontarnos con nuestra pecaminosidad, que reconozcamos el estado de nuestra separación, y nos llama a creer que Cristo ha cumplido la ley perfectamente por nosotros y que la salvación es verdaderamente nuestra. Para los predicadores no es solamente vital leer las Escrituras plenamente con esta perspectiva, sino también leer el texto bíblico particular, mirando a la salvación que Dios desea traer mediante ese texto. Dios siempre desea la salvación de su creación incluyéndonos a nosotros. Dios desea salvar al pueblo de su pecado. Por eso es que las Escrituras son llamadas o referidas como "buenas nuevas".

Las buenas nuevas son para ser compartidas. No han de ser almacenadas ni escondidas de los demás. Han de ser gritadas desde las azoteas. Han de ser compartidas con nuestros amigos. Ellas nos motivarán a hablar con extraños. La razón por la cual las buenas nuevas de Dios han de ser propagadas y extendidas es porque Dios desea que sean para cada ser humano. Quiere que cada persona la escuche y crea que la salvación de Dios es para ellos. Éste énfasis en lo individual es completamente diferente al individualismo reinante en el que cada persona existe aislada del mundo y de su comunidad. Por el contrario, Dios desea que cada individuo escuche sus buenas nuevas. Y a medida que Dios hace esto, también anhela reunirlos en torno al agua, el altar, y la confesión, para que se consuelen en el hecho de que las Escrituras, las promesas de Dios, son realmente para ellos.

ACTIVIDADES DE CLASE / DISCUSIÓN DE GRUPO

1. A través de la historia, ¿cuáles son algunas perspectivas que la iglesia ha tenido de las Escrituras?

2. ¿Cuál fue el desafío que la iglesia enfrentó con la escuela de la alta crítica y en particular, después de la publicación de *Como uno sin autoridad*?

3. El desafío acerca de la creencia en la autoridad de las Escrituras tuvo su comienzo en el Edén. ¿Cuándo comenzó este desafío?

DISCUSIONES FUERA DE CLASE / TAREAS

1. La predicación y las Escrituras no existen solamente para impartir información, compartir historias o hablar de temas morales. ¿Cuál es la función de las Escrituras en la predicación?

2. Si la Biblia existe para que los oyentes crean que Cristo es para ellos, entonces es necesario practicar esto homiléticamente. Seleccionen tres textos bíblicos (Antiguo Testamento, epístola, salmo), y exploren diferentes maneras en que podrían hablar estos pasajes de las Escrituras a otras personas de tal forma que puedan creer que es para ellas.

CAPÍTULO 9

LA PREDICACIÓN ES "PARA TI"

"Porque la promesa es para ustedes y para sus hijos."
–Hechos 2:39

Mientras la creación continúe, la iglesia luchará con las Escrituras. La Biblia como la palabra proclamada e inerrante de Dios siempre será el campo de batalla donde la iglesia vive, muere, y es martirizada. Dios habita confiadamente en sus hijos a través de Jesús, y es algo que el diablo no puede soportar. Más bien, al igual que Adán y Eva, el diablo quiere corromper la palabra de Dios, y lo hace de manera especial a través de la predicación. Las Escrituras pueden ser impresas y permanecer relativamente invariables hasta cierto punto. Pero la palabra de Dios no intenta permanecer estática e inactiva. Es una Palabra inmutable que desea encarnarse en la cultura y en los contextos donde vivimos de forma tal que el rico y el pobre, el casado o el soltero, el viejo o el joven –todos pecadores– puedan encontrar consuelo y fe en Jesús mediante su Palabra. Pero es a través de estas palabras de la predicación donde el diablo elige frecuentemente atacarnos.

La predicación puede ser corrompida en diferentes maneras, en diferentes domingos, a través de decenas de miles de predicadores y de cientos de miles de cristianos que comparten la palabra de Dios diariamente con sus amigos y vecinos. Ésta es la corrupción de la palabra de Dios de la que nos advierte el segundo mandamiento: "No usarás el nombre de tu Dios en vano. ¿Qué quiere decir esto? Debemos temer y amar a Dios de modo que no usemos su nombre para maldecir, jurar, hechizar, mentir o engañar, sino que le invoquemos en todas las necesidades, lo adoremos, alabemos y le demos gracias."[1] Hay numerosas y diferentes maneras en que la palabra

1 Catecismo Menor, Libro de Concordia p. 356.

de Dios puede ser corrompida en la predicación. Esta obra introductoria destacará algunas de ellas que al ser bien comprendidas y analizadas, ayudarán a cubrir una multitud de pecados.

Durante la caída Satanás torció la palabra que Dios había hablado a Adán y a Eva. Cambió la prohibición contra el pecado y su castigo correspondiente. Pero hizo algo aún mucho más insidioso: Satanás les hizo creer a Adán y a Eva que la palabra de Dios no era para ellos, no se aplicaba a ellos, y que la advertencia del castigo de Dios en contra de comer del fruto del árbol prohibido no ocurriría y por lo tanto no debían escucharla. Más que cualquier otra cosa Satanás les hizo creer a Adán y a Eva que la palabra de Dios no fue escrita para ellos.

La ley y el evangelio no están escritos para ser proclamadas a los vientos. Fueron escritos para que el pueblo los leyera. El propósito era que el pueblo oyera estas palabras y creyeran que fueron escritas para que las escucharan y las recibieran. El libro de Génesis no cuenta cómo Eva recibió las palabras que Dios habló, tampoco cuenta cómo Eva aprendió la prohibición de no comer de la fruta del árbol prohibido. Es posible que Dios le hablara directamente a Eva puesto que caminaba con ellos en el jardín. Sin embargo, Dios habló las palabras directamente a Adán. Esto lleva a mucha gente a creer que fue Adán quien compartió estas palabras con Eva. Ésta es una de las muchas razones por la que muchas iglesias no ordenan mujeres, no porque Eva pecara primero. En el orden divino de la creación Dios se complació en dar su Palabra primero al esposo quien la compartiría con su esposa y con las futuras generaciones. Esencialmente Adán predicó esa prohibición a Eva y ella recibió esa palabra y la creyó. Pero lo que nos ocurre frecuentemente a nosotros le ocurrió también a Eva: el diablo le arrebató la palabra predicada. Lo hizo haciéndole creer que esa palabra no era para ella y que no le pertenecía.

Tan pronto como el creyente no cree que la Palabra es para él, tan pronto como él cree que esa palabra es para alguien más (más santo, o diferente), tan pronto como él rechaza la obra de Cristo como propia, tan pronto como él piensa que la Palabra no le pertenece, entonces Satanás ha ganado. Cuando la gente deja de creer que la Palabra es para ellos, que es "para ti", ya han perdido la bendición de Cristo que esa Palabra trae. Ya no pueden creer que toda la obra de Cristo a su favor les pertenezca.

Esto es precisamente lo que Satanás le hizo a Eva. La tentó a perder la bendición que la palabra de Dios traía a su vida y dejara de creer. En vez de creer en Dios ella comenzó a creer en sí misma. La criatura dejó de adorar al Creador. La gran corrupción de la naturaleza de la que San Pablo habla en Romanos 3 comenzó con Eva cuando dejó de creer en Dios y empezó a creer en sí misma. Todo esto ocurrió porque fue engañada a creer que la palabra de Dios no era para ella y por lo tanto no le aplicaba en absoluto.

Éste es el gran desafío para todos los predicadores, sea que estemos predicando la ley o el evangelio. Si las personas que escuchan no pueden decir que es para ellos, que no pueden compartir esa Palabra con alguien más y fallan en ver que el evangelio es dado a ellos, entonces el predicador ha fracasado en su santa tarea. De ese modo el predicador ha tenido éxito en perpetuar el delito mayor: dejar que las personas permanezcan cómodas en sus pecados, sin escuchar que la ley hablaba de ellos, y sin tener jamás la oportunidad de escuchar que el evangelio era para ellos.

Pero el mayor desafío de la predicación es también su gozo mayor. Las mismas Escrituras proveen a los predicadores con una interminable muestra de ejemplos del poder de convicción de la ley así como del impacto del evangelio, del cual no solamente pueden sacar material para sus sermones, sino que pueden también moldear su estilo de comunicación al proclamar la ley y el evangelio. El Evangelio de San Juan nos provee las mejores ilustraciones de este hecho. En él San Juan habla como si fuera un narrador. Está escrito en estilo narrativo. Es como si estuviéramos presenciando una obra teatral de la vida de Jesús con todos sus personajes vivientes y moviéndose de acuerdo a la historia. Paralelamente con estas escenas cambiantes está la voz del apóstol Juan que nos narra todo lo que está pasando. Es un consumado narrador que mantiene su propio enfoque y perspectiva de la historia, sin mirar a la audiencia, de forma tal que juntos puedan compartir el significado de la vida de Cristo.

Juan sigue este patrón a través de su Evangelio con la excepción de un momento cuando interrumpe este estilo de narrativa. Fielmente narra la historia de Tomás y su incredulidad. Fielmente cuenta la historia terminando con la segunda aparición de Jesús, quien invita a Tomás a colocar su mano sobre su costado exhortándolo a la fe. Entonces Jesús dice: "Bienaventurados los que no vieron y creyeron" (Juan 20:29). Es en este momento que Juan derrumba las paredes que lo separan de la audiencia y se dirige directamente hacia aquellos que están leyendo o escuchando el mensaje de su libro y nos mira a los ojos y dice: "Jesús hizo muchas otras señales en presencia de sus discípulos, las cuales no están escritas en este libro. Pero éstas se han escrito para que ustedes crean que Jesús es el Cristo, el Hijo de Dios, y para que al creer, tengan vida en su nombre" (Juan 20:30-31).

Éste es un movimiento inesperado y relativamente anormal en el Evangelio de Juan. Los Evangelios de Mateo y Marcos retienen su énfasis narrativo. El Evangelio de Lucas comienza dirigiéndose a un hombre llamado Teófilo, quien posiblemente pagó por la investigación y la redacción de esta historia. Pero después Lucas cambia al estilo narrativo sin derrumbar la proverbial pared que existe entre el oyente y la historia. Es solamente Juan quien hace este giro dramático moviéndose desde la narrativa y de una manera breve recordar a sus oyentes, en caso de que se hubieran olvidado o no estuvieran prestando atención, que estas palabras fueron escritas para que creyeran y creyendo tuvieran vida eterna. Este movimiento de Juan crea un buen fundamento homilético para todos los predicadores. Los predicadores jamás deben olvidar decir claramente que el evangelio es "para ustedes", los oyentes, preparando el mensaje de forma tal que los oyentes puedan insertarse naturalmente en la historia del evangelio.

Hay muchas maneras en que los predicadores permiten que las personas sean parte de la historia. En el recuento de algunas de las parábolas de Jesús vemos que hay momentos donde los oyentes se ven automáticamente retratados en la narrativa.[2] Los predicadores no siempre pueden hablar de forma parabólica, pero los predicadores modernos pueden y deben incluir a la congregación en sus sermones para que sepan que ellos también son parte de la historia de Dios y que la salvación es para ellos. Tal vez esto pueda ocurrir en la narración de una historia de la Escritura, permitiendo que la gente se vea a sí misma en los diferentes personajes. La parábola del hijo pródigo sin duda alguna es una parábola que le permite a las personas identificarse con los diferentes personajes. En esta parábola podríamos encontrar oyentes que recuerdan cómo se hallaron en la misma situación

2 Un buen ejemplo lo vemos en las instancias en que Jesús nombra específicamente a los fariseos.

que el hermano, o que recuerdan tristemente los tiempos en que fueron también hijos pródigos, o cuando actuaron como el padre de la historia.

Sin duda alguna los predicadores pueden hallar momentos cuando la gente se identifica con las parábolas de maneras específicas. Sin embargo los predicadores han de ser cuidadosos de no caer en la trampa de olvidarse de proclamar la ley y el evangelio. Es un ejercicio muy interesante descubrir cómo todos podríamos relacionarnos con los personajes de la historia del hijo pródigo, pero nunca debemos olvidar que finalmente nuestra historia es la historia de la relación entre nuestro Dios trino y nosotros. Cuando colocamos a Dios como el actor principal dentro de la historia, nuestra posición dentro de ella puede cambiar. Aunque las parábolas retienen un carácter relacional para nosotros, de repente comenzamos a mirar a los ojos de Dios dentro de la historia y vemos expuesto nuestro pecado. A pesar de ese pecado, el Padre (Dios) está dispuesto a sacrificarse y a rebajarse para recibir entre sus brazos al hijo extraviado (nosotros) quien ha actuado de una forma terrible y vergonzosa. A pesar de nuestros pecados e incluso a la vista de ellos, Dios abre sus brazos y nos recibe plenamente como hijos puros, inocentes, y perdonados. Una cosa es para la gente encontrar el elemento relacional dentro de una parábola o cualquier otra historia, y es otra cosa completamente diferente cuando Dios es insertado en la ecuación y tomamos nuestro lugar en relación a él. Cuando esto ocurre somos invitados a sentarnos delante de Dios y verlo extendiéndonos su gracia, derribando la pared de separación e invitándonos a recibir su consuelo.

La ley y el evangelio son verdaderamente para "ti". Si el predicador habla de alguna forma que hace imposible que el oyente entienda que la salvación es para él, para "ti" (esto es, "es mía"), podemos concluir en primer lugar que el predicador nunca ha predicado. Cuando dos personas están jugando a la pelota, ¿qué bien hace tirar la pelota quince metros por encima de la cabeza? El asunto es que cada persona agarre la pelota, no que ella vuele encima de su cabeza. Ésa es la naturaleza del evangelio. Ha de ser captado por la gente para que puedan creer que es "para ti". Esto es verdad para cada miembro de la congregación independientemente de su edad. Los predicadores deben predicar de forma tal que cada persona pueda captar la Palabra, recibirla creyendo que es para ella, y creyéndola fortalezca y reconfirme su vida cada semana. ¡Es una cosa maravillosa en un mundo moribundo!

Hasta ahora hemos discutido una manera de interpretar la Escritura. Pero interpretar la Escritura y creer la Escritura no son siempre sinónimos. La mejor manera de que la gente crea la Escritura es creer que fue escrita para ellos. Tenga presente lo que el apóstol Juan dice: "Pero éstas se han escrito para que ustedes crean que Jesús es el Cristo, el Hijo de Dios, y para que al creer, tengan vida en su nombre" (Juan 20:31). El Evangelio de San Juan no fue escrito para que reposara sobre una repisa o para ser usado solamente como un documento histórico. Fue escrito para ti, sí, para ti, para que puedas creer en Jesús y para que creyendo tengas vida eterna. La Biblia es la carta de amor de Dios para ti. Fue escrita con la intención de hacerte despertar a la realidad de la tragedia catastrófica que ocurrió en la caída y colocarte en los brazos de tu amante Salvador. Puesto que las Escrituras fueron escritas para ti, igualmente el sermón debe ser proclamado para ti.

ACTIVIDADES DE CLASE / DISCUSIÓN DE GRUPO

1. Lea una parábola e identifique cómo las personas podrían abiertamente relacionarse o identificarse con los personajes.

2. Lea la misma parábola desde la perspectiva divina cuando Dios trae salvación para "ti", el oyente.

3. Cuente una historia local o una parábola de la vida moderna con la que las personas podrían identificarse. Que no tenga más de 10 oraciones.

4. Usando la misma historia diga cómo Dios nos podría hablar en términos de ley, evangelio o ambos.

5. ¿Qué cosa diferente hizo Juan en su Evangelio?

6. ¿Qué recordatorio importante para la predicación nos hace Juan?

DISCUSIONES FUERA DE CLASE / TAREAS

1. Tome un sermón viejo y anote las instancias cuando usted dijo que la ley o el evangelio es para "ti", un oyente, para creer.

2. Encuentre esos momentos en un sermón viejo donde falló en afirmar que la palabra es "para ti". Reescriba esos pasajes con la intención de recordar que la palabra es "para ti".

CAPÍTULO 10

PREPARACIÓN

"Preparen el camino del Señor."
–Juan el Bautista (Lucas 3:4)

Al preguntarle a una persona cómo un predicador prepara su sermón, podemos escuchar diferentes puntos de vista. Algunas veces el estilo de presentación del sermón afectará la preparación del predicador. Por ejemplo, si el predicador desea predicar de forma improvisada en base a un texto, es posible que no escriba su sermón; y si escribe algo, podrían ser pocas palabras en una hoja de papel sin una preparación formal del texto. En el caso de predicadores espontáneos, es bueno notar que aunque no escriban nada, ellos han pasado tiempo reflexionando y pensando acerca de lo que van a predicar; si lo quieren admitir o no, es otro punto completamente diferente.[1]

Otros predicadores dirán que se preparan de forma muy diferente. Hay algunos predicadores y tradiciones homiléticas que alegan predicar de manera improvisada sin preparación previa alguna. Señalarán la espontaneidad como evidencia de la presencia del Espíritu Santo. Sin embargo, ahondando dentro de sus prácticas vemos que generalmente escogen un texto y desarrollan un tema general y un bosquejo antes de predicar.

1 Bruce Rosenberg hizo algunas excelentes observaciones acerca de este estilo de predicación dentro de la iglesia afro-americana. Aunque a los ojos de los oyentes ésta pareciera ser auténticamente movida por el Espíritu como muchos predicadores alegan, sin embargo Rosenberg mostró cómo estos predicadores trabajaron diligentemente durante la semana en la preparación del sermón al punto de ensayar el lenguaje, la terminología, y los patrones del sermón durante su comunicación diaria, normal, en preparación para la presentación del sermón. Ver la obra de Bruce Rosenberg *Can These Bones Live? The Art of the American Folk Preacher* (¿Pueden estos huesos vivir? El arte del predicador americano popular) (Chicago: University of Chicago Press,1988), 40.

Algunos predicadores bien preparados (o al menos pretenden que lo están) abren la Biblia, escogen un texto al azar y predican del mismo. Esta práctica podría reflejar una buena formación oratoria, no es difícil hacerla y hacerla bien cuando sea necesario. Hay otros, sin embargo, que balbucean continuamente al aplicar este método de usar un texto al azar. No olvidemos que porque un hombre esté hablando desde un púlpito, esto no siempre quiere decir que su discurso pueda ser considerado una predicación.

Sin embargo, todavía hay predicadores que se inclinan más hacia un método preparatorio pero no tienen las habilidades y destrezas para hacerlo por sí mismos. Muchos pastores conocen el texto con anticipación al usar el leccionario pero intencionalmente esperan hasta el día antes de la predicación del sermón, usualmente sábado en la noche, para escribirlo. No es una buena práctica porque impide la reflexión sobre el sermón escrito. Además, esta práctica puede colocar sobre el pastor y su familia una carga innecesaria.

Hay otros grupos que toman una postura opuesta al invertir mucho tiempo en la preparación del sermón al punto de traducir las tres lecturas del leccionario de su idioma original. Estos predicadores buscarán cada comentario de los textos, absorbiendo los pensamientos y opiniones de cinco autores o más, quienes podrían tener diferentes enfoques y acercamientos a los textos. Como resultado el predicador se tambaleará dentro de la montaña de notas tomadas, tratando de conectar los textos y reducirlos a un solo pensamiento, colocando múltiples textos juntos como si fueran piezas de una maqueta de Frankenstein. Este tipo de preparación exhaustiva muchas veces resulta en sermones con diferentes temas, de diferentes autores, desconectados entre sí, que al final destruyen la coherencia del mensaje como producto final.

Puede ser muy confuso establecer el punto de partida del proceso de escribir el sermón. Lo mostrado anteriormente son ejemplos reales de prácticas vividas por muchos buenos y fieles predicadores. De esto hablaremos más en este capítulo. Antes de abrir los comentarios y servir el café, antes de que los pastores se reúnan a compartir ideas unos con otros y traducir los textos de las lenguas originales, hay algo que debemos considerar. Tal vez el predicador debe pararse frente al texto por un momento y darse cuenta de lo que Dios quiere hacer mediante esta Palabra predicada.

¿Por qué predicamos? O mejor dicho, ¿por qué Dios nos llama a predicar? ¿Tiene el predicador alguna habilidad especial que le permite predicar, o es el predicador la persona simplemente llamada por la congregación para abrir su boca? Si el predicador olvida quien es él o de donde viene, corre el riesgo de convertirse en arrogante como el diablo, enamorado de sus propias habilidades, olvidando que su habilidad proviene de Dios, el único capaz de ofrecer perdón de pecados. Pero aún más allá de enamorarse de sí mismo, el pecado mayor ocurre cuando el predicador olvida lo que Dios hace en su Palabra: que la promesa de Cristo es para el pueblo de Dios y que ellos pueden creer en la obra de Cristo como la que verdaderamente los salva de todo pecado, la muerte, y el poder del diablo.

Puede que sea mejor para todos los predicadores recordar quienes son antes de comenzar a preparar sus sermones. Deben recordar la caída en el pecado y como ésta los ha afectado. Estas sugerencias pueden ser tomadas como un medio para que el predicador mantenga su ego bajo control, lo cual es muy saludable. Sin embargo, hay algo mucho más grande en juego. Si el predicador fracasa en entender que Dios es un Dios que crea y recrea mediante su Palabra, entonces su predicación nunca será satisfactoria. Si el predicador fracasa en entender que Satanás fue el primer asesino y su arma predilecta fue la distorsión de la palabra de Dios para que Adán y Eva lo siguieran a él, en vez de confiar en Dios, entonces ese predicador experimentará desafíos en su predicación. Si ese predicador fracasa en entender que mediante la proclamación de su Palabra, Dios nos hace promesas y mediante Cristo podemos confiar y creer en esas promesas no solamente como hechos intelectuales sino como materia de fe, entonces nunca predicará el tipo de palabra proclamada que Dios demanda de los predicadores. Si el predicador fracasa en creer que mediante la predicación no solamente Dios habla sino que ese discurso también confiere las cosas de las que habla –perdón de pecados– terminará predicando un mensaje falso.[2]

Pero si el pastor llega a entender lo que Dios hace mediante la predicación, entonces su sermón será diferente. Puede que no sean los mayores

2 "Mediante este oficio de la predicación y de perdón de pecados las almas son resucitadas aquí de sus pecados y la muerte" (Luther, *Word and Sacrament II* [Lutero, *Palabra y Sacramento II*], 299.)

eventos oratorios en la historia, ni debe esforzarse porque así sean (¡aunque no es nada malo que sea ambos!). Lo que es vital es que el sermón ofrezca a sus oyentes la oportunidad de escuchar y creer en Cristo Jesús y así ser fortalecidos en su fe. Lograr esto no requiere un gran talento retórico o las habilidades de un poeta o la voz de un gran actor de teatro. Lo que requiere es un pastor con fe que nos habla de la misericordia de Cristo mediante su sufrimiento, muerte, y resurrección, recordando a sus feligreses que toda la obra de Cristo les pertenece. Delante de ese predicador los mismos ángeles caerán de rodillas mientras lloran de júbilo al escuchar las maravillosas misericordias de aquel a quien adoran día a día por toda la eternidad. De ese predicador escucharán a Jesús decir: "Bien hecho, siervo fiel."

Los predicadores deben basar sus sermones en la Biblia. Esto parece trivial para algunos y para otros puede sonar ofensivo, pero debe ser dicho claramente. En los últimos 50 años en particular, la tendencia ha sido alejarse del carácter autoritativo, normativo, y transformador de las Sagradas Escrituras tanto en las vidas de los creyentes como en las de los incrédulos. Muy pocos hoy dicen que es simplemente la palabra de Dios sola la que convierte. Típicamente algo es añadido a ese sentimiento. Además, la escuela de la alta crítica ha dejado a la iglesia occidental con una perspectiva fraccionada de las Escrituras. En muchas iglesias el sermón se ha convertido en una versión vacía y hueca de la palabra de Dios. En algunas instancias, denominaciones enteras ven hoy la Escritura como algo totalmente desposeído de todo poder.

Afortunadamente, esta perspectiva no es compartida por muchos luteranos.[3] Los luteranos pueden y siempre deben creer que las Escrituras son los medios mediante los cuales Dios pronuncia una palabra inerrante y eterna a su pueblo. Es mediante la Palabra que la iglesia puede conocer algo acerca de Dios y por tanto echa por tierra a los carismáticos que pretenden ser la fuente del conocimiento de Dios en vez de las Escrituras de las cuales testifican todos los profetas, los apóstoles, y los mártires.

3 Por favor note que estoy escribiendo esto pensando en la Iglesia Luterana del Sínodo de Missouri y en forma alguna no me estoy refiriendo a la Iglesia Evangélica Luterana de América que ha hecho todo lo posible en su poder para castrar la palabra de Dios.

Las Escrituras son el medio mediante el cual Dios mismo ha escogido manifestarse a su pueblo a través de toda la historia. Ellas son el camino mediante el cual Dios ha decidido escribir y hablar a aquellos que nunca lo han visto o le conocieron durante el ministerio terrenal de Cristo, para que ellos también tengan la oportunidad de conocer y creer en Jesús. Es la razón por la cual los predicadores predican de las Escrituras.

Como esto ocurre es una cosa curiosa. El predicador sencillamente no se para en el púlpito y lee una página de la Biblia. Tampoco se para y lee toda la carta de Pablo a la iglesia de Roma o de Corinto.[4] Comúnmente se espera que cuando el predicador se para en el púlpito cumplirá dos funciones: (1) predicará de un texto bíblico y (2) traerá una palabra de Dios "nueva" a la congregación. En este sentido "nueva" no será tomado como una adición a las Escrituras, tampoco será autoritaria en el mismo sentido que ellas. Y aun así, Lutero propuso eso, diciendo que la palabra de Dios proclamada ha de ser tan confiable como las Escrituras y ser sostenida en la misma estima como la misma manifestación de la proclamación de Cristo.

A primera vista parece confuso, contradictorio o aún imposible afirmar lo que Lutero afirmó. ¿Cómo puede un predicador proclamar una palabra que no ha de ser escrita como si fuera una nueva parte del canon de las Escrituras y al mismo tiempo decir que dicha palabra es igual o superior a la de los textos bíblicos?

Pero los predicadores pueden hacer esto. Esta proeza se logra cada vez que el predicador proclama a Cristo de forma tal que los oyentes puedan creer que su muerte y resurrección son para ellos. Los pecadores al recibir a Cristo, concebido sin pecado, experimentan su pureza. Aquel quien fue verdaderamente libre viene a los cautivos para que ellos puedan ser libres en él. Aquel concebido sin culpa, es entregado a los culpables, para que éstos puedan decir que están limpios de la misma.

Ahora dirigimos nuestra atención a lo que el predicador proclama. El predicador no se para en el púlpito para simplemente leer las Escrituras, aunque esto puede ocurrir. El predicador tampoco disfruta de total

4 Aunque esto fue hecho en la iglesia primitiva y de hecho fue la razón por la que las epístolas fueron escritas en primer lugar.

libertad de decir lo que quiera, o de contar historias o chistes. Al subirse al púlpito, el predicador voluntariamente se encadena a la proclamación del evangelio de Jesucristo tanto en contenido (lo que proclamará) como en la entrega del mensaje (cómo proclamará). Actuando así, el predicador confiesa que lo importante en la predicación no es solamente lo que se dice, sino la meta detrás de lo dicho: que los oyentes sepan y tengan la oportunidad de creer que la obra de Jesucristo en este mundo fue realizada para ellos.

Idealmente cada persona debe ser capaz de decir después de cada sermón que ha escuchado la voz de Jesucristo liberándola del pecado, de la muerte, y del poder del diablo mediante la misma vida, muerte, y resurrección de Jesús como un regalo personal. Esto no quiere decir que cada sermón tendrá el mismo tema cada domingo. La predicación debe ser considerada como una dieta completa y saludable que la persona consume durante toda su vida; nadie se come toda su comida a la vez. Un día comerá carne, otro día arroz, y otro día vegetal. Las comidas se alternan y se adaptan en el tiempo pero lo importante es que sean saludables para nuestro sostenimiento. De igual manera, la predicación no debe intentar cubrir todo el consejo de Dios o todos los asuntos de la fe en un solo sermón y aun así, cada sermón ha de ofrecer una porción saludable del evangelio para que cada persona tenga la oportunidad de ser llenada con la bondad de Cristo, quien con su vida, muerte, y resurrección los puede liberar de la muerte, la culpa, y la vergüenza.

ACTIVIDADES DE CLASE / DISCUSIÓN DE GRUPO

1. ¿Cuál es el entendimiento correcto del origen de los sermones?

2. Es cierto que el Espíritu Santo causa la fe en los corazones de los hombres. También es cierto que el Espíritu Santo obra a través de medios como las Escrituras para hacer que las personas crean en Jesús. Sabiendo que esto es cierto, ¿cómo debe el predicador usar las Escrituras en la preparación de su sermón?

3. ¿Por qué es importante que el predicador recuerde quién es él antes de la preparación de su sermón?

DISCUSIONES FUERA DE CLASE / TAREAS

1. Hay diferentes maneras de escribir un sermón. Algunos predicadores escriben manuscritos completos, otros usan un bosquejo y algunos otros escriben algunos puntos en un pedazo de papel. Pruebe en la clase un método que usted nunca haya usado. ¿Cuáles son sus beneficios y desafíos?

2. ¿Cuáles son las dos funciones que un predicador debe cumplir cuando se sube al púlpito? ¿Cómo han de ser cumplidas estas funciones a la luz de los comentarios de Lutero?

CAPÍTULO 11

HOJA DE TRABAJO DE PREPARACIÓN DEL SERMÓN, PARTE 1

"Satanás, escucha esta declaración; ¡soy bautizado en Cristo!"
–*Lutheran Service Book*, #594, estrofa 3

Los predicadores han de considerar la Biblia de una manera determinada. El capítulo anterior estableció que la predicación de las Escrituras no significa simplemente una repetición de las mismas. En vez de eso, las Escrituras permiten a los predicadores proclamar la Palabra eterna una vez más, expresada de forma tal que les permite a los oyentes creer que lo que Jesucristo ha hecho, lo ha hecho por ellos.

La selección de un pasaje bíblico para predicar puede ser relativamente fácil de hacer. Los predicadores deben generalmente seguir el leccionario del calendario eclesiástico que proveerá las lecturas para cada domingo del año. Esta variedad de pasajes bíblicos proveerá al predicador y a su congregación con una dieta balanceada de la Palabra de Dios. Habrá otras ocasiones como funerales o bodas, donde el texto bíblico seleccionado es apropiado para la ocasión. Esos textos deben ser seleccionados tomando en cuenta el evento particular y la fidelidad a la palabra de Dios que será proclamada en esos eventos (por ejemplo, esperanza en la muerte de un cristiano fiel).

Una vez que se ha seleccionado el texto bíblico apropiado, el predicador puede comenzar el proceso de escribir el sermón. Con el fin de escribir el sermón, es de extrema importancia que el predicador se envuelva en el proceso de preparación. Este trabajo es importante para cada predicador independientemente de que él escoja predicar de una hoja pequeña de notas o de un manuscrito completo. La intención es permitir al predicador la oportunidad de seleccionar el tema central de un pasaje para beneficio de los oyentes.

Aunque la identificación del tópico o tema no es discutido frecuentemente en la comunidad homilética,[1] es una práctica vital que los predicadores deben adoptar.

El mayor desafío que los predicadores modernos enfrentan es su inhabilidad de seleccionar el tema central del sermón. Desafortunadamente, esto se puede convertir en un desafío cada vez mayor para las sociedades que fracasan en enseñar alguna forma de gramática o composición aún en los niveles elementales de educación. Si por alguna razón el predicador decide cubrir cinco temas en un sermón que tenga entre quince y veinte minutos de duración, sin duda alguna el oyente no podrá escuchar o comprender con claridad. Cuando los predicadores predican sermones con varios temas, el resultado final, golpe de muerte para cualquier predicador, siempre será el mismo: las personas dejan de escuchar. El más grande desafío para los predicadores de hoy está no sólo en la predicación de un Dios falso o muerto (lo cual es desenfrenado) sino en perpetuar una forma de predicación donde los oyentes (incluyendo niños y ancianos) deben trabajar mucho para hallar la idea central del sermón.

El pueblo de Dios quiere escuchar una buena palabra de Dios los domingos. Anhelan escuchar una palabra de Dios en el sermón y están muy esperanzados en escuchar el evangelio cada domingo. Por tanto, forzar a una congregación a excavar en medio de una montaña de ideas sueltas, probablemente no es la mejor manera de motivar al pueblo a escuchar el sermón. ¡Es muy triste que esto sea así! Jesús es quien viene a buscarnos; no somos llamados a buscarlo a él. El pueblo de Dios frecuentemente necesita una fuente de agua, no una manguera para apagar fuegos.

El predicador no debe sentirse diferente del resto de la congregación en el proceso de escribir el sermón. El predicador es simplemente el que ha sido llamado por Dios para ser el primero en entrar en el mundo de las Escrituras para traerle al pueblo el mensaje de Dios. El predicador penetra en las Escrituras en nombre de su congregación para ser el primero en escuchar la palabra de Dios, ser impactado por la ley y el evangelio y

1 Una excepción notable es la obra de Paul Scott Wilson *The Four Pages of the Sermon* (Las cuatro páginas del sermón).

entonces ser llenado con la bondad y la misericordia de Dios en Cristo Jesús.[2]

Siempre es un desafío conocer qué buscar cuando leemos un texto en preparación para predicar del mismo. Es muy fácil para el predicador perderse en los matices culturales de un texto y pasar mucho tiempo leyendo acerca de palanganas en vez de leer de aquel quien hace el lavamiento. Al concentrarse excesivamente en los detalles incidentales, el predicador puede inconscientemente aislar a Jesús dentro de un episodio histórico, manteniéndolo enclaustrado dentro del mismo olvidando que Jesús gobierna totalmente el tiempo y el espacio. Los predicadores nunca deben olvidar que al lidiar con las Escrituras, no están lidiando con simples registros o documentación histórica. Éste no es el propósito principal de las Escrituras. Jesús, la Palabra encarnada, habló de esto a los fariseos cuando dijo: "Ustedes escudriñan las Escrituras, porque les parece que en ellas tienen la vida eterna; ¡y son ellas las que dan testimonio de mí!" (Juan 5:39).

Cuando los predicadores comienzan su tarea de predicación, siempre deben recordar a quien se dirigen. Las Escrituras no son un simple libro o documentación histórica. No solamente hablan de Jesús. Mediante las Escrituras y en la Palabra predicada, el Creador del universo se complace en habitar en ellas. A través, en, y debajo de estas palabras, Dios mismo decide traer salvación a toda la creación. Sea mediante las palabras y promesas unidas a las aguas del Bautismo o las palabras de institución de la Cena del Señor donde garantiza su presencia real al pueblo, es así como Jesús escoge obrar. Mediante la palabra de la predicación, el pueblo es invitado a abandonar su pecado y a encontrar plenitud, libertad, y perdón en Jesús, palabras que debieran darle forma a cualquier sermón.

Llegar a este punto de la proclamación del evangelio requerirá tiempo y paciencia de parte de los predicadores. Los predicadores son como cualquier persona; son criaturas de la caída. Los predicadores, sin embargo, están llamados a hacer algo que es contrario a su naturaleza y contrario a la naturaleza de cada ser humano. Son llamados a proclamar un evangelio de completa libertad y sin obstáculos. Es un mensaje totalmente ajeno a nosotros. Por eso

2 Thomas Long, *The Witness of Preaching* (El testimonio de la predicación) (Westminster: John Knox Press, 1989), 3.

es fascinante ver que algunos predicadores suponen que pueden realizar dicha tarea sin preparación, reflexión teológica o práctica alguna.

Una percepción errónea muy común dentro de la iglesia es creer que los predicadores mejorarán a través del tiempo.[3] Esta forma de pensar puede evitar que la iglesia mejore la proclamación de la Palabra. La iglesia nunca debe inclinarse a decir que el pecador reducirá su pecaminosidad a través del tiempo (aunque algunas iglesias heterodoxas pueden decir esto), entonces, ¿por qué puede el creyente creer esto acerca de la predicación? Si el pecador no reduce su pecado en el tiempo (en un nivel intrínseco), ¿por qué entonces debe suponerse que el predicador pecaminoso pueda mejorar en el tiempo? En adición, los predicadores enfrentan sus propias distracciones personales que afectan su tiempo de preparación del sermón. Preocupaciones por la esposa y los hijos, las necesidades de la congregación, y el trabajo que los predicadores deben realizar para sostenerse a sí mismos y a la vida congregacional pueden convertirse en distracciones para la preparación del sermón, convirtiéndolo más en una carga que en una bendición.

Muchos predicadores admiten que desprecian la preparación del sermón y tratan de posponerla hasta el último minuto. En estos casos, los predicadores sufren de la carencia de un método decente que los ayude a escribir el sermón. La preparación del sermón no debe ser una carga para el predicador. La preparación del sermón y su predicación deben relajar, estimular, y fortalecer al predicador cuando él, junto a su congregación, disfrutan de la bondad y la misericordia de Dios, que nos amó tan profundamente que asumió nuestra humanidad para rescatarnos de nuestros pecados. La tarea de la preparación del sermón incluye el gozo de descubrir la bondad de Dios hacia nosotros en Cristo algo que debe ser de regocijo para los predicadores. Si el predicador posee las herramientas apropiadas que lo asistan en su preparación, tanto él como toda la congregación se beneficiarán grandemente.

3 Muchos creen, erróneamente, que los predicadores más viejos son mejores que los nuevos debido a su experiencia. Aunque nos gustaría pensar que las personas se perfeccionan en el tiempo como el vino fino, éste no es siempre el caso. Algunas veces los malos hábitos, no corregidos, son reforzados continuamente en el tiempo y son solidificados en la práctica. Por eso nunca olvide que es la palabra de Dios la que trae salvación, no la edad del hombre.

Más adelante hay una "Hoja de preparación del sermón" que los predicadores pueden usar cuando comienzan a estudiar el texto del sermón. Esta hoja de trabajo ayudará a guiar al predicador en la exploración del texto bíblico mediante la formulación de ciertas preguntas. También puede ser una herramienta que enfoque la atención del predicador al observar el texto con el deseo de Dios de traer salvación al mundo mediante la predicación. Después que el predicador completa esta hoja, será estimulado a enfocar sus pensamientos de forma más plena al moldearlos dentro de la "Páginas de trabajo". Éstas se convertirán en el punto central del sermón. Una vez que las "Páginas de trabajo" han sido completadas, el predicador confiadamente podrá escribir su sermón. Al seguir estos lineamientos el predicador explorará un texto bíblico de forma tal que permitirá al evangelio tener predominancia y un impacto óptimo para la congregación.

Veremos abajo una descripción de los componentes que forman la "Hoja de preparación del Sermón". Éstos están escritos para asistir al predicador desde el comienzo de la preparación de su sermón (por ejemplo lectura del texto) hasta la redacción del manuscrito. Esta hoja de trabajo puede convertirse en un recurso excelente para asistir al predicador en la exploración del texto de forma que permita que Dios permanezca como el actor principal en la vida del pueblo, mientras asiste al predicador en la contemplación de cómo puede mantener la salvación separada de los esfuerzos humanos.

COMPONENTES DE LA HOJA DE PREPARACIÓN DEL SERMÓN

Identificando el texto. Esta tarea ha sido brevemente mencionada en el capítulo anterior. La selección apropiada de un texto bíblico es crítica para la predicación. Se recomienda vigorosamente que todos los estudiantes y predicadores sigan el leccionario común. El leccionario asegurará que el pueblo de Dios reciba una dieta saludable de la palabra de Dios durante todo el año. Cuando los predicadores no siguen el leccionario, tienden a seleccionar sus propios textos. Al seleccionar sus propios textos, los sermones en el tiempo se vuelven rancios debido a la selección de textos similares y personales. La predicación sufre de la carencia de ver a Dios como el actor principal en los textos porque se percibe que "pertenecen" al predicador hasta cierto grado, y esto hace difícil que se permita a Dios jugar el papel principal. Además, dado que muchos textos favoritos y personales provienen de las epístolas, estas lecturas fallan en encontrar residencia dentro de los Evangelios, que hablan con mucha claridad de Jesús como el actor principal en la narrativa divina de la salvación ganada para nosotros. Los predicadores deben proclamar principalmente de los Evangelios dentro del leccionario para el Oficio Divino dominical. Para los servicios del resto de la semana, es común predicar del Antiguo Testamento o de la epístola asignada para ese día. En ocasiones especiales como funerales, bodas o dedicaciones, el predicador debe seleccionar textos apropiados para la ocasión, y recomendados para dicho evento dentro de los diferentes leccionarios.

* *En el momento apropiado, haga una pausa y escriba el **texto bíblico** seleccionado en su Hoja de Preparación del Sermón.*

Dios es el actor. En la predicación, es Dios, finalmente quien está obrando. Existen algunos textos dõnde esto se ve fácilmente. Jesús es nombrado como también quizás Dios el Padre o el Espíritu Santo. En algunas ocasiones Dios no es mencionado por nombre, pero es todavía fácil ver que Dios es el actor, puesto que las acciones descritas pueden ser realizadas solamente por él (por ejemplo, perdonar pecados). Hay un sorprendente número de textos que no mencionan explícitamente a Dios por nombre y hay un sorprendente número de predicadores que hacen exactamente lo mismo cuando están predicando de estos textos.[4] Cuando hay un texto donde Dios no es mencionado por nombre, es crítico proclamar que Dios se halla "dentro del texto". Esto significa que las Escrituras siempre han de ser vistas como el registro y testimonio de la acción real de Dios. Por ejemplo, en la Parábola del Buen Samaritano, Dios no es mencionado por nombre.[5] Aun así, en la Parábola del Buen Samaritano y en las demás,

4 Paul Scott Wilson *The Four Pages of the Sermon: A Guide to Biblical Preaching* (*Las cuatro páginas del sermón: Una guía de la predicación bíblica*) (Nashville: Abingdon Press, 1999), 40.

5 De hecho, Dios, frecuentemente, no es mencionado por nombre en las parábolas de Jesús y sin embargo es siempre el actor principal.

Dios es siempre el actor principal. Es el personaje principal e iniciador del cambio en la narrativa.

Si el predicador falla en entender esto, el sermón automáticamente casi siempre degenerará en un relato moral motivando a los oyentes a hacer alguna obra de la ley. En el caso de esta parábola en particular, el predicador estaría estimulando a los oyentes a "comportarse mejor con su prójimo" o tal vez "a vivir una vida más apaciguada", o a "tomar tiempo de disfrutar el mundo alrededor" o cualquier otra tontería. El asunto es que si Dios está ausente no hay salvación. No es solamente importante para el predicador que él vea esto durante su preparación, sino que también sea capaz de nombrar al Dios que se halla dentro de estos textos para que los oyentes puedan ver, conocer, y creer.

* *Una vez que el texto ha sido leído varias veces, específicamente tome nota de cómo Dios ha sido nombrado en este texto y más aún, como Dios está obrando en este texto. Haga una pausa y responda las preguntas exploratorias apropiadas en su Hoja de preparación del sermón. Añada libremente cualquier otra observación que hayas notado acerca de* cómo Dios está obrando *al lado de estas preguntas. Esta hoja es para su uso y beneficio en la preparación del sermón.*

Jesús es nuestro Redentor. Sea que el Dios trino sea mencionado por nombre o no, finalmente toda la Escritura nos lleva a la cruz. En la lectura de un texto bíblico siempre es bueno ver dónde se halla Jesús en ese texto. Los predicadores deben identificar a Jesús a través de todo el Antiguo Testamento también. Aun cuando Jesús no sea directamente mencionado, de alguna manera el predicador siempre debe recordar que la ley fue dada para mostrarles a las personas cuán impotentes son frente al poder del pecado, y que finalmente esa ley las lleva a Jesús, el único que es capaz de liberar a la humanidad del efecto de la ley (Romanos 3).

* *La identificación de Jesús en un texto y la salvación que solamente él puede traer es crítico en cualquier sermón. No hay evangelio sin Cristo y la bondad de Dios mostrada en él. En esta sección de la hoja de trabajo tome tiempo para explorar el texto bíblico anotando cómo Jesús nos está redimiendo. Indique lo*

que Jesús está haciendo y diciendo. Cuando hay un pasaje en el cual Jesús parece ausente en el Antiguo Testamento o una epístola, siempre conecte esa lectura a la persona y obra de Cristo mediante su muerte y resurrección a favor nuestro. Como dijo Jesús, las Escrituras "dan testimonio de mí" (Juan 5:39).

El Espíritu Santo da la fe. Los predicadores siempre deben recordar que las Escrituras y el sermón están destinados a ser dones para personas reales, vivientes, que respiran. El Antiguo Testamento no fue escrito para que fuera solamente un registro histórico. Fue leído en alta voz cuando la congregación se reunió. Las epístolas no fueron escritas para coleccionar polvo en un estante. Todas fueron escritas con la intención de que fueran leídas públicamente en la congregación. De igual manera el sermón está destinado a ser predicado a personas reales de forma tal que un Dios real pueda venir a esta gente que está sufriendo día a día a causa del pecado real, la incredulidad, y la muerte. Si la meta principal del sermón es permitir a la gente la oportunidad de creer en Cristo, y para que creyendo tengan vida eterna, entonces la preparación del sermón debe tomar esto en cuenta.

* *El Espíritu Santo muestra a la gente las obras de Dios en Jesucristo quien nos trae salvación y la manera en la que Dios ha obrado nuestra salvación. Observe esos momentos en que las personas son estimuladas a creer en las obras de Dios y lo que ha hecho "por ti". El Espíritu Santo no es siempre mencionado específicamente en un sermón porque su satisfacción es apuntar hacia Cristo y testificar de la salvación que Jesús nos trae.*

ACTIVIDAD: PRACTICANDO EL USO DE LA HOJA DE PREPARACIÓN DEL SERMÓN

1. Los estudiantes deben seleccionar uno de los siguientes textos bíblicos (Salmo 23; Mateo 5; Mateo 10:34-39; Lucas 8:22-25; Lucas 15:1-7; Juan 11: 17-27; Juan 20:24-29; Romanos 7:1-6; Gálatas 3:10-14). Si a los estudiantes no se les han asignado un texto bíblico para predicar, pueden seleccionar uno de los anteriores o el instructor asignará uno. Estos textos proveen buenos ejemplos para practicar en esta obra introductoria. Complete la Hoja de preparación del sermón localizada en el Anexo. Los estudiantes pueden seleccionar textos diferentes con permiso del instructor si están programados para predicar pronto. Los instructores también pueden asignar textos e invitar a predicadores a presentar un sermón en la clase. Algunas veces es más apropiado empezar a predicar públicamente con párrafos cortos en vez de manuscritos completos. Los instructores pueden trabajar en cada una de las fases de (1) identificación de Dios como actor, (2) identificación de Jesús como nuestro Redentor, y (3) identificación de nuestra creencia en la obra de Dios a nuestro favor, asignando los textos a los estudiantes y pedirles que escriban un párrafo largo. Los estudiantes podrían presentar sus párrafos preparados en clase para el punto #1 el primer día, el #2 en la siguiente clase y así sucesivamente. Esto permitirá la presentación de un buen número de ejemplos y ofrecerá a los estudiantes la oportunidad de predicar secciones cortas frente a la clase. Si no hay programado eventos de predicación en el calendario del estudiante, él debe ser estimulado a escoger un texto y a predicarlo a una congregación "imaginaria", teniendo a su propia congregación en mente.

* *Nota para los instructores: Siempre es bueno tener a estudiantes predicando sermones que han preparado frente a sus compañeros. Al hacer esto, asegúrese que han seguido los lineamientos discutidos en este capítulo. No se les permitirá a los estudiantes predicar un sermón escrito con anterioridad; en su lugar han de escribir un sermón nuevo basado en las técnicas aquí discutidas. Cuando prediquen delante de sus compañeros, que lo hagan en un espacio dedicado a la adoración o en una capilla siempre que sea posible. Aunque esto es una clase, los estudiantes están trabajando con la palabra de Dios y proclamando el evangelio, que siempre debe ser tenido en alta estima. Si el tiempo lo permite y el*

instructor está disponible, siempre es bueno que el instructor revise el material escrito antes de la predicación, en privado, antes de la presentación a la clase. Esto permitirá al instructor cambiar cualquier error y le dará al estudiante la seguridad de una presentación de calidad. Esto beneficia a toda la clase. Así la clase estará escuchando buenos ejemplos de todo el grupo.

CAPÍTULO 12

HOJA DE TRABAJO DE PREPARACIÓN DEL SERMÓN, PARTE 2

"¡Muerte, no puedes destruir mi alegría: soy bautizado en Cristo!"
–*Lutheran Service Book*, #594, estrofa 4

En el capítulo anterior los estudiantes tuvieron la oportunidad de seleccionar un texto bíblico, identificar al actor en él (Dios), notar cómo ocurre la salvación, e indicar cómo la salvación te impacta "a ti", el oyente. Éstas son piezas críticas en la preparación del sermón y juegan un papel vital en su redacción que se centra en la obra de salvación de Dios por el mundo. Sin la identificación de estos elementos en el texto, el sermón podría ser escrito de forma tal que desplazaría a Dios de su papel central o sería mencionado solamente como una entidad pasiva. La salvación ha sido claramente identificada como procedente de Dios y así debe ser identificada dentro del texto. Esto permite al predicador, en su subsecuente sermón, hablar del evangelio con claridad a sus oyentes. Y finalmente el trabajo completado hasta ahora también permitirá al estudiante ver que la salvación no es sólo para ellos sino para cualquier persona que escucha el sermón. Los oyentes conocerán que el evangelio es para "ti".

En este capítulo continuaremos la discusión de la Hoja de preparación del sermón concentrándonos en la creación de un tema para el sermón. Los temas son muy importantes para los sermones. Actúan como un tipo de asta de bandera teológica, formulando lo que creemos y confesamos como cristianos. También funcionan como recordatorios visibles en caso de que el predicador se aleje del tema para que éste pueda regresar a la idea central del sermón.

ESCRIBIENDO EL TEMA CENTRAL

Quizás el componente más influyente de la Hoja de preparación del sermón es la redacción del tema central del sermón en forma de una frase. El tema es lo que une las acciones de Dios en el texto e impulsa al predicador hacia la conformación real del sermón de forma tal que la salvación en Cristo Jesús es siempre enfatizada. La redacción del tema central debe ser vista como una herramienta que el predicador usa a través de todo el proceso de la redacción del sermón. No es una herramienta que se coloca pasivamente sobre el banco de trabajo del predicador una vez que ya ha sido creada. En lugar de eso estará en las manos del predicador mientras él aborda el texto bíblico y especialmente cuando escribe y edita su sermón.

Muchos predicadores admitirán que no les gusta usar herramientas para preparar sus sermones, pero ellos deben entender que cualquier herramienta puede parecer inadecuada cuando se usa por primera vez. Para un novato el uso de un martillo puede ser incómodo. De igual forma un cincel puede resbalar de las manos de quien nunca lo ha usado. De igual manera para los predicadores las herramientas disponibles pueden ser ajenas o extrañas al proceso de la redacción del sermón. Pero una vez que el predicador usa estas herramientas, en particular la redacción del tema central del sermón, y aprende cómo usarlas habilidosamente, se lamentará por no haberlas usado anteriormente y jamás considerará la idea de abandonar su uso en el futuro.

Con el fin de comprender mejor lo que la redacción del tema central puede lograr para el predicador y cómo ha de ser usada efectivamente en escribir el sermón es necesario definirla primero. En este contexto el **tema** se define *como una frase declarativa que identifica las actividades redentoras de Dios, usadas por el predicador para darle forma al contenido de su sermón.*

La identificación del tema central del sermón es un gran desafío para cualquier predicador. Créalo o no, esta actividad puede tomar una buena cantidad de tiempo en la preparación del sermón. Los predicadores se sorprenderán al escuchar que ellos deben pasar mucho tiempo en el comienzo del proceso de escribir el sermón en la articulación del tema central del mismo. Muchos predicadores quieren comenzar inmediatamente la redacción de sus sermones. Sin embargo, lanzarse a este proceso de escribir sin primero haber identificado el tema central del sermón, forzará al predicador a emplear muchas horas reescribiéndolo puesto que "no suena bien" (si el predicador llega a notarlo). Si no captamos la necesidad de revisión del texto y el sermón es predicado sin poseer un claro tema central, esto confundirá a la gente y dejarán de escucharlo. En vez de escuchar, se distraerán pensando en sus actividades para el resto del día, sus listas de compras, los desafíos del trabajo o aprovecharán la oportunidad para una corta siesta.

Aunque la identificación del tema central puede ser desafiante y tomar una desproporcionada cantidad de tiempo en comparación con el resto del sermón, hay maneras de asistir al predicador en esta tarea. En la medida que el predicador se acostumbra a esta práctica, en el tiempo enfrentará menos desafíos en la redacción de estos temas. En un corto lapso de tiempo, verá esta práctica como positiva y continuará realizándola. Con el fin de escribir el tema central de un sermón basado en un texto bíblico hay que considerar tres componentes. Siguiendo estos tres lineamientos el predicador creará un tema que será una herramienta útil en la redacción de su sermón cada semana:

a) El tema debe identificar las acciones de Dios. El tema central debe contestar la pregunta: "¿Qué está haciendo Dios en este texto?"[1] Los sermones finalmente deben hablar de las acciones de Dios en su obra salvífica a favor nuestro y de todo el mundo. Debido a esto el tema central debe articular claramente lo que Dios está haciendo por nuestra salvación. Por ejemplo, quizás un predicador está predicando sobre el texto de la resurrección de Lázaro. Un buen tema central que enfatiza las acciones de Dios podría ser: "Dios todavía está llamando a los muertos a vivir en él." "Jesús llama a la gente a creer en él y a tener vida eterna ahora." A través de este texto en particular Jesús está muy activo. Observe como los dos ejemplos mencionan a Dios como el sujeto actuante ya sea llamándolo "Dios" o más específicamente "Jesús".

Algunas veces el texto es menos claro acerca de las acciones de Dios. Por ejemplo en el texto que habla de Juan el Bautista preparando el camino

1 Wilson, *Four Pages*, 39.

del Señor, Jesús mismo no es específicamente mencionado.[2] Cuando ocurren situaciones como éstas, el predicador debe releer el texto, señalando la ley y el evangelio. Cuando el predicador ha identificado la ley y el evangelio en el texto, puede entonces específicamente nombrar a aquel quien es la única salvación de la ley que nos condena. Por ejemplo, en el texto de arriba un tema apropiado sería "Jesús siempre viene a remover el pecado del mundo aun cuando no podemos verlo" o "Dios envía personas para consolarnos." En ambos ejemplos, Dios se ha convertido en el actor dentro del texto y el sermón, aunque Dios no esté nombrado como uno de los agentes activos dentro del texto bíblico.

Frecuentemente es un desafío identificar la ley y el evangelio en el texto bíblico para comprender exactamente lo que Dios está haciendo. Cuando esto ocurre el predicador debe hacer algunas preguntas para subrayar la ley y el evangelio para que pueda ver exactamente lo que Dios está haciendo en el texto. El predicador podría preguntarle el texto: "¿Cómo manifiestan las personas su pecado en este texto?" El pecado se puede manifestar de diferentes maneras: la relación quebrantada entre Dios y el hombre o la ira de Dios manifestada por sus pecados. También puede haber otros momentos cuando los efectos de la caída en el pecado son prevalentes: muerte, enfermedad espiritual, los desafíos de esta vida, y cosas semejantes. Una vez que la ley ha sido identificada, el predicador entonces puede hablar de Cristo, quien no solamente cumple la ley perfectamente en lugar nuestro, sino que también sufre, en nuestro lugar, el castigo por su quebrantamiento para que podamos estar limpios y puros delante de Dios.

Los predicadores pueden también encontrar desafíos en su identificación del evangelio en un texto dado. El evangelio puede aparecer en el texto en diferentes formas. Siempre que hay evangelio, también estará presente Dios, quien en su verdadera naturaleza es quien trae las buenas nuevas de salvación y sanación a los sufridos y quebrantados. El predicador sólo necesita buscar esas ocasiones donde Dios y el hombre son reconciliados. Ésta podría ser la mención de un sacrificio o de la obra de Cristo quien realizó

2 Mateo 3:1-12. El espíritu se menciona como bieldo, pero no se menciona a Jesús, que es, de alguna forma, algo único en un pasaje del Evangelio.

el sacrificio final. Podrían también ser ocasiones donde la misma creación es totalmente restaurada. Quizá sea la mención del "león paciendo junto a la oveja" o cualquier ocasión donde se invierten los efectos de la caída en el pecado. Estos ejemplos no son meramente expresiones poéticas acerca de un mundo mejor. Ellos muestran lo que puede ocurrir gracias a que Cristo pagó por el pecado del jardín del Edén y mediante su sacrificio promete cielo nuevo y tierra nueva. Cada uno de estos ejemplos nombra a su autor automáticamente: Jesús.

b) El tema debe ser una frase declarativa. Uno de los propósitos fundamentales de escribir el tema del sermón en forma de frase es enfocar los pensamientos del predicador. Es desafortunado que dicho enfoque ocurra de manera retrospectiva después que el predicador proclamó su sermón y ha recibido alguna crítica, o después que ha tenido tiempo de reflexionar sobre lo predicado. Es mucho mejor para el predicador y la congregación estar bien enfocado antes que el sermón sea predicado y aún antes de su redacción.

Una característica primaria del tema central es que debe declarar algo. Como cristianos tenemos un evangelio en el cual creemos, y queremos confesarlo claramente a todo el mundo. Muchos predicadores tratan de escribir el tema central en forma de pregunta. Creen que es una manera de involucrar a las personas. Desafortunadamente estos intentos no involucran a las congregaciones por mucho tiempo y además permiten que el sermón degenere en una situación en la cual cada persona podría ofrecer una respuesta diferente. Las preguntas carecen inherentemente de la habilidad de confesar lo que se cree o establecer una declaración de la verdad acerca de lo que la iglesia cree que Cristo está haciendo en el mundo. Si la meta final de la predicación es producir sermones en los cuales las personas tienen la oportunidad de creer en Jesús y para que creyendo tengan vida eterna, entonces el tema central del sermón compuesto por preguntas sería un pobre intento de lograr esta meta.

Una frase central que declare algo en vez de preguntar también desafiará al predicador a proclamar la buenas nuevas de salvación. De otra manera, se arriesgaría a convertirse en el tipo de predicador más inclinado a la predicación moralista que a la proclamación de la verdad del evangelio, viendo su mensaje más como un mensaje de auto-superación que un mensaje de consuelo de las conciencias. Tomemos por ejemplo la resurrección de Lázaro cuando dice: "Jesús llama a la gente a creer en él y a tener vida eterna ahora." Ésta es una confesión de fe. Además, muestra a Jesús como el actor, Jesús mismo está haciendo algo: invitando a la gente a creer.

Aparte de ser una frase declarativa en la que Dios está haciendo algo, dice mucho más. Primero, puesto que el verbo está escrito en tiempo presente y en forma activa, confiesa que nuestro Dios está activo en este mundo y en el tiempo presente. Actuando aquí y ahora. Segundo, el predicador también está confesando que nuestro Dios está haciendo algo. Nuestro Dios no es un Dios sentado sobre un estante acumulando polvo y viendo cómo la historia se mueve sin su intervención. Nuestro Dios está activamente haciendo lo que nuestro Dios hace: traernos salvación. Tercero, el predicador también está confesando lo que confesamos en el credo, creemos que nuestro Dios está vivo. Solamente un Dios vivo puede estar activo y obrando la salvación en tiempo presente. Un Dios muerto no puede hacer estas cosas. La frase del tema central es mucho más importante que el enfoque de los pensamientos del predicador por razones lingüísticas. Es un asunto de fe. En esta frase del tema central el predicador será capaz de resumir una declaración confesional de la fe mientras que al mismo tiempo y de forma específica apunta hacia la actividad presente de Dios basada en las Escrituras históricas... ¡y todo esto en una sola frase!

c) El tema ayuda a darle forma al sermón. Una buena frase del tema central claramente identificará las acciones de Dios en el sermón y será también una confesión de fe. Junto a estos beneficios, esta frase realizará otra función importante para el predicador: servirá de guía u orientador durante todo el proceso de preparación y redacción del sermón.

Es muy fácil para el predicador perder su enfoque al preparar o escribir su sermón. Frecuentemente ocurre que el predicador introducirá un punto adicional que considera interesante. Por ejemplo en uno de los casos anteriores, el tema central era: "Jesús llama a la gente a creer en él y a tener vida eterna ahora." Tal vez mientras el predicador estaba escribiendo su sermón, comenzó a pensar en el libro de Apocalipsis, con un gran enfoque en la resurrección, y a partir de allí empezó a pensar de todas las personas que están en el cielo, y en particular de aquellos que clamaron a Dios preguntando: "¿Por cuánto tiempo, Señor?" Estaba tan interesado en este pensamiento que terminó añadiendo un párrafo completo a su sermón sobre las personas que esperan en el cielo, escribiendo algunas frases para desenmascarar creencias como el purgatorio, regresando luego al tema original del sermón donde Jesús llama a la gente ahora a creer para que creyendo tengan vida eterna.

Aunque estos dos temas tienen una conexión similar (ambos tratan de la vida eterna de alguna manera), el segundo tema está solamente tangencialmente relacionado al primero. Si el predicador añade un tema adicional, éste le resta atención al tema original y causa confusión en la congregación. Cuando intente hacer regresar los pensamientos de la congregación al tema principal, algunas personas se perderán. Algunos serán capaces de regresar al tema principal sin problemas, pero la mayoría no lo hará, y se quedará pensando en criaturas con ojos debajo de las alas y gente llorando debajo del altar. Uno de los principales propósitos en tener la frase del tema central es permitir que esa frase moldee todo el proceso de la redacción del sermón. Al tener una buena frase escrita del tema central antes de comenzar a escribir el sermón, el predicador tendrá la habilidad de regresar a ella durante el proceso de redacción asegurándose que el contenido del sermón está siempre conectado a la idea central del mismo.

No hay duda que estas frases tienen también la habilidad de dirigir los pensamientos de predicador durante todo el proceso de redacción del sermón. Una buena manera de probar la validez de este pronunciamiento es hacer que diez predicadores diferentes escriban el tema central de un mismo pasaje y, una vez que el tema esté escrito escribir un sermón basado en el mismo. Esos diez temas diferentes producirán diez sermones distintos. Es posible que encontremos similitudes entre ellos, pero algunos serán muy diferentes del resto. Esta actividad podría mostrar la influencia positiva que el tema central tiene al asistir al predicador en escribir un sermón bien enfocado.

Es importante para el predicador entender que esta frase del tema central no trata de incluir cada pensamiento o detalle del texto. Habrá ocasiones cuando se podrá predicar sobre otros aspectos del texto. El predicador debe sentirse cómodo al escoger un solo tema y mantenerse dentro del mismo en todo sermón. Los predicadores pueden sentirse limitados dentro de esta visión, pero la alternativa no vale la pena: los oyentes cuando se ven asediados con varios temas dejan de escuchar. Si los oyentes dejan de escuchar, no podrán escuchar el evangelio ni tener su fe fortalecida en el Jesús del cual deben escuchar en el sermón. Es verdaderamente triste pensar que a las personas se les niega la oportunidad de escuchar el evangelio por la falta de disciplina del predicador al no organizar sus pensamientos de forma coherente.

La creación de una hoja de preparación del sermón es una parte vital de la redacción del mismo. Más que ser simplemente una hoja de trabajo que debe ser llenada sin ganancia alguna, esta hoja motiva al predicador a pensar en términos teológicos acerca del texto bíblico y cómo ha de ser predicado a la congregación. Cuando muchos predicadores piensan de la tarea de la predicación, usualmente creen que la mayoría del tiempo debe ser usada en escribir y perfeccionar su sermón. En realidad, muchos predicadores deben invertir la mayoría de su tiempo trabajando en las fases de desarrollo de la redacción del sermón en vez de la redacción propiamente dicha. La Hoja de preparación del sermón es uno de esos elementos. El próximo capítulo presentará otro aspecto del desarrollo que asistirá grandemente al predicador en la redacción de su sermón.

ASIGNACIONES

1. Los estudiantes prepararán una frase del tema central como el componente final de la Hoja de preparación del sermón. Los estudiantes deben referirse a la sección anterior y tener en cuenta los componentes de la frase del tema central, así como revisar los ejemplos proporcionados.

CAPÍTULO 13

LA LEY Y EL EVANGELIO SON PARA "TI"

"Y entonces, despiértame de la muerte…"
Lutheran Service Book, #708, estrofa 3

Como cristianos solamente conocemos de nuestra historia a través de la Biblia. Pero aún más allá de esto, conocemos nuestra historia teológica mediante la Biblia. La Biblia como libro es mucho más que un libro histórico. Podríamos y deberíamos decir que es un libro que registra los hechos de la fe. La mayoría de los relatos del Antiguo Testamento son históricos, son historias en gran medida de fe y en casos frecuentes historias de incredulidad (como las historias de fe vacilante halladas en el libro de los Jueces). Como cristianos tenemos una conexión con las Escrituras mucho más profunda que la de un simple registro. Es la documentación de nuestra naturaleza incrédula y de nuestro Dios, quien amó lo despreciado de tal manera que vino en nuestra forma humana para traer fe nuevamente a su creación.

Ese enlace no debe ser fácilmente desechado. Los predicadores deben ser bien firmes en retener la conexión a las Escrituras ya que es por la palabra escrita y predicada que las personas son capaces de creer, y para que creyendo, tengan vida eterna. Para promover esta conectividad, esta obra introductoria tratará de proponer un método simple y bien empleado de incorporación de las Escrituras al sermón. Esto se hará de manera tal que las Escrituras retendrán su lugar apropiado en nuestras vidas.

Para enseñar este método, emplearemos una metáfora fácilmente recordable para los predicadores, llamada "Cinco páginas". Es derivada de un modelo que utiliza las Escrituras y nuestro mundo, reteniendo una conexión con las Escrituras en la vida de los oyentes mientras que estimula la creencia continuada.[1] En esta metáfora cada una de las "Cinco páginas" no representa un sermón real de 5 páginas (aunque podría serlo), sino un movimiento dentro de cada página que representa un movimiento mayor dentro del sermón. Están desglosadas de la siguiente manera: página 1: la ley en el texto, página 2: la ley en nuestras vidas, página 3: el evangelio de Jesucristo, página 4: el evangelio en el texto, página 5: el evangelio en nuestro mundo. La sección final de la Hoja de preparación del sermón identifica estos cinco elementos. Una vez que ya han sido identificados, la redacción del sermón puede comenzar.

Mantener una conexión estrecha entre el texto del sermón y nuestro mundo es una forma sencilla de mantener a los cristianos y a las Escrituras conectados. Esta conectividad va mucho más allá que sugerir a las Escrituras como una buena lectura o como un buen libro. Las Escrituras puedan ser una lectura amena, pero es el hecho de que éste es el libro que nos llama de regreso a una recta relación con Dios lo que hace que la Biblia sea el libro que debe estar más íntimamente conectado a un cristiano que la caja del tefilín a la cabeza de un rabino. Las Escrituras han de ser grabadas dentro de nuestras almas y han de ser la Palabra de vida para nosotros. Así como Jesús dijo a sus discípulos que él no requería comida para comer así también puede el cristiano ser llenado con la certeza de su salvación en Cristo de forma tal que no desee algo más.

PÁGINA UNO

Como la hoja de trabajo ya ha señalado, el predicador habrá seleccionado un texto y escogido un tema central. Éstas son dos actividades importantes. Éste es el momento para el predicador de tomar estos dos elementos íntimamente relacionados y permitirles la oportunidad de hablar al pueblo de Dios en el sermón. Después de leer la frase del tema principal una vez más, el predicador debe tener en mente dos cosas: (1) el predicador ya ha identificado lo que Dios está haciendo en el texto. Por lo general será un

1 Doy completo crédito a Paul Scott Wilson y su obra *Las Cuatro Páginas del Sermón: Una guía a la predicación bíblica* (*The Four Pages of the Sermon: A Guide to Biblical Preaching*) (Nashville: Abingdon Press, 1999). La única alteración significativa de este método es la propuesta de la adición de una quinta página entre las páginas 2 y 3. Creí necesario añadir una sección que hablara exclusivamente de Cristo. No es que Cristo estuviera ausente en las otras páginas, pero creo que era necesario dedicarle más tiempo.

sentimiento evangélico. El predicador debe preguntarse a sí mismo: "¿Por qué Dios necesita hacer esto? ¿Por qué es que el pueblo no puede hacerlo por sí mismo?, y preguntas similares y (2) el predicador debe recordar qué es la ley o mejor dicho qué hace la ley. La ley nos muestra que estamos pecando. Nos muestra que por nosotros mismos no podemos hacer lo que ella demanda de nosotros y de hecho nos alejamos de Dios y buscamos pecar en contra de él. Eso es lo que está en nuestros corazones, lo que el pecado actualmente hace.

Una vez que el predicador ha considerado estos dos elementos, debe leer el texto. Después de haberlo examinado, deberá escribir al menos de 3 a 5 ejemplos de la ley presentes en el texto. Es importante que el predicador se mantenga dentro del texto. Una vez que ha escrito varios ejemplos de la ley debe observar cuáles son los más compatibles con el tema escogido. En otras palabras los ejemplos de la ley deben demostrar por qué la frase del tema principal es necesaria. En algunas ocasiones es difícil encontrar la ley. En este caso, el predicador debe volver a leer la frase del tema principal una vez más y preguntarse: "¿Por qué Dios necesita hacer esto?" Esto podría ayudar al predicador a identificar la ley dentro del texto. Después que el predicador ha identificado un ejemplo de la ley compatible con el tema central en su contenido, debe escribir una frase en su Hoja de preparación del sermón resumiendo la ley en las Escrituras. Éste podría ser el comienzo de la primera página metafórica.

* *Tome tiempo para escribir las porciones de la ley que vienen a su mente en la Hoja de preparación del sermón. Éstos deben ser ejemplos de la ley dentro del texto. Entonces observe cuáles son especialmente los más compatibles con su tema central.*

PÁGINA DOS

Nuestras vidas nunca deben estar separadas de las Escrituras. De hecho, los pecados con los que las personas lucharon en las Escrituras, son los mismos con los que las personas luchan hoy. No hay nada nuevo bajo el sol. La virgen María misma se halló como una madre soltera e indiscutiblemente que escuchó rumores a su espalda. Pedro no llegó a ser la roca de fe que su nombre implicaba. Pablo predicó el evangelio a los gentiles pero él mismo supervisó la muerte de Esteban. Los santos antiguos son verdaderos ejemplos para nosotros de cómo vivir la fe, pero ellos también son ejemplos de la realidad del pecado como lo experimentamos nosotros. Si fuera antes o después de sus conversiones, lucharon con sus carnes pecaminosas y necesitaban escuchar y creer la palabra de absolución de Cristo para ellos.

La proclamación de la ley puede ser el aspecto más desafiante de la predicación. Como se ha dicho, se necesita un gran esfuerzo de parte de los predicadores entender cómo pecan. Ciertamente hay momentos cuando los predicadores pueden y deben predicar de forma acusatoria. Algunas veces deben ser fieles a su llamamiento y presentar sin vueltas delante de la congregación los pecados que ellos o su iglesia están cometiendo. Pero los más grandes desafíos y la predicación más duradera de la ley ocurren cuando el predicador asiste a los oyentes en ver por sí mismos la ley que están traspasando. Por ejemplo cuando la multitud acusó a la mujer de adulterio Jesús nunca les dijo: "¡Todos ustedes han violado el Sexto mandamiento como ella!" o cualquier otro comentario acusatorio. Por el contrario, Jesús simplemente dijo: "Aquel de ustedes que esté sin pecado, que le arroje la primera piedra."[2] La ley que Jesús predicó en ese momento, en esa única oración, ha sido una de las grandes predicaciones de la ley. No fue acusatoria. Las palabras de Jesús permitieron a la gente meditar sobre lo que él dijo. La palabra predicada fue la que los condenó. Jesús tenía todo el derecho de decirle que estaban pecando y que debían detenerse. Era el único con derecho a hacerlo. Pero no lo hizo. Permitió al Espíritu Santo que los convenciera de su pecado. Éste es el tipo de predicación de la ley que los predicadores deben tratar de imitar en su predicación.

Para reconocer el pecado en la vida de la congregación del predicador, él debe conocerla. Un pastor debe conocer a sus ovejas o es simplemente un pobre pastor o un asalariado. Esto no solamente ocurre hablando a las personas sino escuchándolas. Debe escuchar sus luchas y ayudarlos a soportar sus cargas sin enjuiciarlos. Basado en el texto, el predicador también tiene una "ventana" hacia los pecados públicos del pasado con los que nuestros antepasados de la fe lucharon. No somos diferentes a ellos.

2 Juan 8:7.

Una vez que el predicador ha considerado su congregación y la dirección que la ley da en el texto, debe buscar ejemplos similares de pecado que ocurren en el presente. Los predicadores deben evitar predicar una ley sosa que tira un puñado de dardos al blanco con la esperanza de alcanzarlo y debe, en vez de eso, anticipar los tipos de pecados que sus feligreses están cometiendo y experimentando.

Puede ser muy liberador para los miembros de la congregación escuchar que se mencionan específicamente en el sermón los pecados con los que están luchando. Les permite entender que aunque sus pecados son terribles, también son perdonados por Cristo. Por esta razón, los predicadores no deben esquivar la consideración de los pecados con los que la gente lucha aun si no han sido mencionados por sus feligreses. Esto le puede permitir al feligrés, al escuchar de su larga lucha con el pecado, la oportunidad de aplicar el evangelio a su situación. Al igual que con la página anterior, una vez que el predicador ha tenido tiempo de considerar debe escribir de tres a cinco ejemplos y seleccionar una frase de resumen que puede incluir en su Hoja de preparación del sermón. Una vez que ha identificado esto puede escribir esa frase en su hoja de trabajo y la "Segunda página" estará completa.

* *Los estudiantes deben ahora tomar nota de la ley en el mundo alrededor de ellos y en la vida de la congregación. Esto parece una tarea amplia pero es donde la frase del tema principal y la "Página 1: la ley" pueden ayudar al predicador. Por ahora, se ha formado una clara dirección, que le permite al predicador identificar ejemplos específicos de la ley que ocurren en la vida de la congregación y que están directamente relacionados al texto.*

PÁGINA TRES

"En el principio era el Verbo, y el Verbo era con Dios, y el Verbo era Dios" (Juan 1:1). Jesús, ese Verbo, estuvo en el Edén. Estaba alentando a Noé a que continuara creyendo. Estuvo allá llamando a Abrahán a salir y a abandonar todo y creer en la nueva vida que él le estaba dando. La Palabra (el Verbo) se levantó a través de la historia no solamente en el registro de las Escrituras, sino en la vida del pueblo. El papel no cree, la gente sí. Y es solamente a través de las Escrituras, solamente a través de la Palabra, que tenemos la oportunidad de ver a Jesús a través de los ojos de Juan, quien fue un testigo de esa luz. A través de las Escrituras tenemos la oportunidad de ver a Jesús a través de los ojos de Juan y escucharlo a través de sus oídos. Mediante él y otros testigos de la fe, se nos ha dado la oportunidad de escucharlos, diciéndonos a nosotros lo que Dios les dijo primero. Como dicen las Escrituras: "La ley fue dada por medio de Moisés, pero la gracia y la verdad vinieron por medio de Jesucristo."[3] Ésta es la razón por la cual el predicador tiene una gran tarea en la preparación de su sermón.

En este punto, el predicador ha identificado la ley. La gente ha visto y están deliberando sobre su pecaminosidad así como de su gran necesidad de Dios. Durante esta sección de la Hoja de preparación del sermón, el predicador también debe anotar las acciones de Jesús. De muchas maneras, éstas serán ya evidentes a través del tema central orientado hacia una acción que Dios está realizando. Ahora el predicador tiene la oportunidad de expresar esto de manera específica basada en el texto. Al mirar el texto, debe preguntarse: "¿Qué está haciendo Jesús exactamente? ¿Qué está diciendo? ¿Cómo se está moviendo?" No nos movemos de la ley hacia el evangelio sin Jesús. No hay cumplimiento de la ley sin Jesús.

En este punto es muy fácil para los predicadores convertirse en predicadores de la prosperidad. Como seres humanos pecaminosos siempre estamos tentados a olvidar la razón por la que Jesús vino en carne. Sufrió en nuestro lugar para qué pudiéramos ser liberados de nuestros pecados, murió en nuestro lugar para el perdón y la remoción de esos pecados y para venir a vida nueva a través de la resurrección física por causa nuestra. ¡Todo esto por nosotros! Todo esto para rectificar la caída en el pecado que ocurrió en el Edén. El predicador jamás debe desviarse de esto en la proclamación del evangelio pues es mediante el evangelio que el pueblo escucha, cree y es salvo. Los predicadores nunca deben ser tentados a suavizar a Jesús, en hacerlo más amistoso o más accesible. Esto lo convierte en un Jesús quien es verdaderamente un rey-pan que simplemente sirve sopa a los que están hambrientos o en el Jesús al que le encanta vivir en reuniones políticas apoyando a ciertos partidos. Pero ése no es el reino de

3 Juan 1.

Jesús. Judas cometió este error, Simón creyó en este error y las multitudes también lo aceptaron. Nosotros, como luteranos, debemos siempre orar y confesar en nuestra predicación que el reino de Dios viene a nosotros "cuando el Padre celestial nos da su Espíritu Santo, para que, por su gracia, creamos su santa Palabra y llevemos una vida de piedad, tanto aquí en el mundo temporal como allá en el otro, eternamente."[4]

Los predicadores deben orar para no caer en el pecado de Adán y Eva (el pecado de Satanás), tratando de remodelar a Dios a nuestra imagen y nuestra semejanza. Nuestro Dios es quien es. Es el único que puede reclamar el gran nombre de "Yo soy", el único que existe por sí mismo sin asistencia o dependencia de otros. Éste es el Dios que los predicadores están llamados a proclamar. Los predicadores pueden desear un Jesús diferente, más excitante, que hace lo que ellos quieren, un Jesús que es más "pertinente" de alguna forma a la gente. Pero ése no es quien es nuestro Dios, y no le decimos a Dios cómo debe actuar y mucho menos ser. Dios se revela mediante las Escrituras y a través de ellas, nosotros los predicadores miramos a través de los ojos de todos los testigos que experimentaron su gracia, bondad, y amor inmerecido. Mediante la predicación del evangelio, los predicadores se permiten a sí mismos y a otros creer lo que nuestros padres y madres en la fe han visto y oído, como si nosotros lo hubiéramos visto con nuestros propios ojos y oído con nuestros propios oídos, que es lo que en realidad ocurre.

Tal vez ésta es la razón por la que Lutero dijo que en algunas maneras el sermón era mayor que las Escrituras.[5] No quiso decir esto con respecto a su autoridad sobre la fe y la vida. Lo que quiso decir es que mediante la predicación la palabra de Dios continúa viviendo y continúa llamando a la gente a la fe.

Usando este tema como guía, el predicador debe estudiar la ley en el texto y entonces establecer en una frase exactamente quién está hablando para rescatar al pueblo del juicio de la ley. Los predicadores deben evitar

4 Catecismo Menor, Libro de Concordia, p. 361.

5 "Hay un poder mayor en el testamento que en el sacramento; ya que un hombre puede tener y usar la palabra o testamento aparte del signo o sacramento... porque puedo colocar las palabras de Cristo delante de mí y con ellas alimentar y fortalecer mi fe las veces que quiera" (Luther, *Word and Sacrament II*, 44).

hablar en abstracciones, volviendo a las mismas pocas frases sobre la cruz. Siempre deben regresar al evento que salvó el cosmos. Pero esto debe ser hecho cada vez con nuevos ojos, mirando a este evento de salvación desde diferentes ángulos y con diferentes lentes así como uno observaría a un diamante. Hay diferentes ojos mediante los cuales mirar la salvación, los de las mujeres, los de los hombres, los de los niños. Hay muchas maneras de ver, disfrutar, y hablar de la salvación de Cristo para toda la humanidad. Los predicadores están llamados a identificar la ley, hablarle a esa ley mediante su conectividad con Jesucristo mismo y entonces invertir tiempo con los oyentes en la proclamación del evangelio.

* *A esta altura la ley ha sido identificada. Pero la única manera de sanar el quebrantamiento de la ley es mediante el sacrificio de Jesús. Durante esta página, los estudiantes serán animados a explorar por qué fue que Jesús intervino en este mundo para salvarnos del quebrantamiento de esta ley específica (identificada). Ésta podría ser una sesión corta o larga, pero Cristo debe estar presente para presentar el evangelio encarnado en él.*

PÁGINA CUATRO

Hay una simple razón por la que los predicadores incorporan las Escrituras en sus sermones y no hablan sus propias ideas. Es en las Escrituras que nosotros aprendemos que debido a la caída hemos perdido cualquier cualidad innata de conocer, entender o venir al conocimiento de la bondad o misericordia de Dios hacia nosotros. No está dentro de nosotros creer en el evangelio. Es solamente mediante la bondad de Dios, mostrada a nosotros en Cristo, que podemos saber algo del evangelio. Y es solamente mediante las Escrituras que llegamos a conocer esa bondad en Cristo. Las Escrituras se basan en el primer y gran anuncio de Dios del evangelio a Adán y a Eva, anunciando a Cristo. En ese momento, la memoria que la creación perdió al quebrantar la ley fue restaurada; los pecadores podrían ser puros de nuevo, no mediante sus propias acciones sino por la misericordia de Dios. Esta misericordia fue originalmente conocida por la creación pero fue abandonada al abrazar la mentira de Satanás. Y aun así mediante el evangelio, Dios trajo a su pueblo de regreso hacia él. Fue su decisión y su acción, no la nuestra.

Desde el Edén, Dios habló muchas veces su Palabra de bondad y amor hacia su creación. Y a partir del primer evangelio, los profetas fueron inspirados y el evangelio creció hasta que finalmente culminó en la Palabra final y más plena: Jesucristo mismo. Los últimos 2000 años han visto a la iglesia cristiana construir sobre el fundamento de las palabras originales del evangelio de Jesús mientras nos movemos hacia el escatón final individual y corporativamente como el cuerpo de Cristo. Durante este tiempo, los cristianos escuchan el evangelio no solamente en las Escrituras y la liturgia, sino que las propias palabras actúan, trayendo a los oyentes a la fe y liberándolos de sus pecados. El evangelio viene solamente de Dios, y es por medio de los pronunciamientos divinos de libertad y los pronunciamientos divinos de nuestra liberación del pecado, que cualquiera tiene la oportunidad de creer que es realmente libre. La predicación es un vehículo particular que Dios usa para crear la fe.

Para el predicador es vital que les permitamos a los oyentes ver el reinado libre del evangelio en el mundo. Este reinado comienza en las Escrituras. Las Escrituras son nuestros registros de creencia e incredulidad. Si señalamos a la ley y a los pecados que el pueblo cometió en las Escrituras entonces de igual manera les mostraremos la salvación que Cristo les confirió en las Escrituras. Dios nunca abandona a su pueblo. Es vital para los predicadores usar este tema (esencialmente basado en el evangelio) y encontrar la clara efusión del evangelio en el texto del sermón.

* *Dios no abandona su creación. La Página cuatro es acerca de cómo Jesús rescató a su pueblo del pecado, la muerte, y el diablo en las Escrituras. Durante esta página el predicador debe regresar a su tema principal y usarlo a través de la planificación y redacción futura del sermón.*

LA QUINTA PÁGINA

La página final que debe construirse para el sermón es La quinta página. Hasta este punto el predicador ha identificado la ley en el texto y en la vida de sus feligreses. El predicador ha compartido a Cristo a través de la Tercera página como el único capaz de salvar al pueblo de sus pecados. El predicador entonces fue diligente al regresar al evangelio de forma tal que la congregación pudiera ver y escuchar cómo Dios salva a todo su pueblo de sus pecados, incluyendo aquellos dentro del texto bíblico. Ahora el predicador es llamado a proclamar esa misma palabra de libertad a su propia congregación en el tiempo presente.

En la proclamación del evangelio a su congregación en este momento, el predicador debe ser cauteloso en no lanzar al viento todo lo que ha trabajado duramente en crear. El predicador debe volver sobre sus pasos empezando con la frase del tema principal y entonces observar el diseño y estructura de la ley y el evangelio dispuesto para él. El evangelio específico que ha de ser compartido con su congregación en este momento, reflejará la ley y el evangelio ya pronunciado.

En muchas tradiciones homiléticas esta sección del sermón es la más vital. En la tradición de predicación afroamericana, frecuentemente identifican esta sección como "celebración", un momento en el cual toda la congregación realmente celebra la salvación que Cristo le ha dado. Esto ocurre mediante el predicador quien actúa como el vocero de la congregación mientras juntos saborean las buenas cosas que Cristo está haciendo por ellos en sus vidas y la esperanza que les ha dado, una esperanza sin medida, inmerecida, llena de un amor inmerecido y de bondad.

Los luteranos tienden a ver esta sección (esto es, el evangelio) como el punto culminante del sermón. Es por esta única razón que los predicadores predican. Predican para que el pueblo pueda escuchar el evangelio y para que creyendo tengan vida eterna. La predicación de la ley es simplemente necesaria para poder predicar el evangelio. Es solamente a través de la devastación de nuestras almas mediante la ley que nos convertimos en tierra árida. Y es mediante la predicación del evangelio que el jardín de la vida en Cristo es plantado dentro de esta aridez. El evangelio no puede ser dulce si primero no recordamos la acidez de la ley.

Pero, ¿por qué deben los luteranos hacer esto? Si la proclamación del evangelio en el sermón es la verdadera meta de la predicación, ¿por qué no ir directamente a ella? Esto será una tentación para muchos predicadores. Los predicadores tienen la misma naturaleza caída de todos los seres humanos, y está dentro de nuestras naturalezas pecaminosas pasar por alto nuestros pecados y debilidades en este mundo, aún pasar por alto nuestra desobediencia a Dios. Anhelamos solamente días soleados y dulces. Pero eso es una ilusión. Este mundo ha caído; no es perfecto. Cualquiera que falle en predicar la ley ha decidido vivir dentro de la ilusión creada por Satanás durante la caída. Esta persona no tiene lugar en la predicación del evangelio delante del pueblo de Dios y debe cuidadosamente considerar las palabras de Pablo a Timoteo antes de asumir la predicación del evangelio como vocación (1 Timoteo 5; 2 Timoteo 4).

Pero para aquellos que predican la ley, esta sección de predicación del evangelio es verdaderamente la meta final y la parte más dulce del sermón. Por esta razón el evangelio debe predominar. Algunos han argumentado que el evangelio debe ser simplemente unas pocas frases al final del sermón y así impresionar a las personas con la novedad y poder de estas cortas y decisivas palabras. Pero éste no es el caso. El evangelio no solamente debe predominar en la calidad del discurso sino también en su cantidad. Un poco más de la mitad del sermón debe ser evangelio para que las personas puedan realmente escuchar y creer en Jesús y para que creyendo tengan vida eterna en él.

Esto nos lleva a otra tentación común para los predicadores durante esta sección del sermón: serán tentados a mezclar ley y evangelio o intentar colocarle un rostro hermoso a la fealdad de la ley para hacerla lucir tan bella como el evangelio. Cuando proclamamos el evangelio, éste no debe ser obstaculizado por la fealdad de la ley. El evangelio debe ser radical en el hecho en que se destaca solo y no es apoyado por nuestras habilidades o voluntad, así como Pablo animó a los Gálatas en su predicación (Gálatas 3:1). Por ejemplo, imagine a un predicador cerca de la conclusión de su sermón. Su sermón fue basado en el pasaje de las bienaventuranzas que dice: "Bienaventurados los pobres en espíritu, porque de ellos es el reino de los cielos." Una mezcla muy pobre de la ley y el evangelio sería:

"Aun cuando eres pobre, posees el reino de los cielos. Dios te lo ha dado. Por tanto ahora es tu decisión de salir afuera y pagarle esa deuda a Dios. Para eso sé amable con tus prójimos. Ten compasión de tu familia. Sele fiel a Dios y así pagarás tu deuda."

La primera frase de este ejemplo es evangelio. Son las buenas nuevas de que poseemos el reino de los cielos que Dios nos ha dado. Sin embargo, el predicador ha tomado ese regalo de Dios y ahora ha colocado una ley y una carga sobre sus oyentes diciéndoles que deben ir y hacer algo para pagarle a Dios. Es uno u otro, es un verdadero regalo que se da libremente de uno a otro (evangelio), o es algo que se ganó por lo que alguien tiene que trabajar, y si no ha trabajado lo suficiente, fallará en recibir el pago (ley).

Sin embargo, el predicador podría tratar el mismo pasaje con un enfoque evangélico diciendo:

"Aun cuando eres pobre, posees el reino de los cielos. Dios te lo ha dado. Nunca podrás pagarle lo suficiente a Dios; no tienes lo suficiente. Nunca podrás ser lo suficientemente amable con tus prójimos; nunca sería suficiente. Nunca podrás ser lo suficientemente bueno con tu familia; no sería suficiente para pagar. Y tu fidelidad a Dios tan sincera como pueda ser, nunca será suficientemente rica para Dios. Es gracias a Cristo que tú recibes este regalo, y es a través de Cristo que puedes estar seguro que posees el reino de los cielos, porque Cristo ha hecho lo necesario para que lo tengas y te lo ha dado."

En este ejemplo no hay mezcla de la ley y el evangelio. De hecho, es todo lo opuesto. El oyente es recordado que nada puede hacer para merecer la gracia de Dios. Esto es reforzado claramente en la última oración en la cual la esperanza del oyente es centrada en Cristo y solamente en él. La sección final del sermón debe ser clara y marcada en la declaración que la salvación viene gratuitamente de Jesús.

* *La página cinco enfatiza puramente el evangelio a la congregación. Reflejará el tema central del sermón y será su cumplimiento final a nivel congregacional. Asegúrese que este evangelio es ejecutado solamente por Dios y que la congregación sabe que es "para ti". Después que la página cinco ha sido completada, el predicador debe ser animado a seguir adelante y usar las cinco páginas en la confección del sermón. Puede hacer esto escribiendo palabra por palabra o escribiendo un bosquejo. De cualquier forma, el estudiante estará bien preparado al usar las cinco páginas de la hoja de trabajo.*

CAPÍTULO 14

REGRESANDO AL SERMÓN

"Vuélvanse al Señor su Dios, porque él es misericordioso y clemente."
–Joel 2:13

¿Debe un predicador escribir su sermón, o simplemente ir al púlpito sin preparación alguna? Quizás deba colocar algunas notas en una hoja de papel, o quizás sea mejor que tenga algunos pensamientos en su cabeza antes de subir al púlpito. Es una de las primeras preguntas que los predicadores hacen. Aparentemente no hay nada erróneo en estos enfoques. El beneficio de escribir el sermón es que el predicador puede ver lo que va a decir. Esto le permite al predicador revisar su sermón y asegurarse que la ley y el evangelio están correctamente articulados. Los predicadores deben asegurarse que presentan su sermón con un estilo fresco, como si fuera proclamado por primera vez, esto puede ser enseñado en el tiempo y con práctica.

Los predicadores que escogen escribir unas pocas palabras o suben al púlpito con unos cuantos pensamientos lo hacen sabiendo adónde se dirigen en su sermón, pero corren el riesgo de fallar en recordar cómo esos pensamientos están interconectados entre sí. La espontaneidad puede que no sea una preocupación, pero el contenido lo es.

El predicador que escoge no prepararse y simplemente sube al púlpito así, es preocupante en varios niveles. Desde el punto de vista práctico, no se ha preparado para el sermón. No sabe qué va a decir. Esto es evidente en los estilos serpenteantes de dichos predicadores quienes repiten continuamente y se tambalean con sus palabras y pensamientos como personas ebrias. Hay preocupaciones teológicas también. Tal vez este predicador no cree que posea una naturaleza pecaminosa que debe ser sometida mediante la oración y la meditación, y especialmente cuando una tarea tan delicada como la predicación del evangelio en su congregación, le ha sido encomendada a él. Este hombre puede también ser sometido a arrogancia, atrayendo atención hacia él, especialmente si le gusta caminar en forma dramática. Atrae los ojos hacia él, y no hacia Cristo. Esto es una forma de idolatría; se ha convertido en un objeto de adoración en vez de adorar a aquel de quien predica.

Esta obra introductoria fue escrita con la idea de estimular a los estudiantes a escribir sus sermones completamente o a prepararlos usando un formato de bosquejo que refleje su estilo de predicación. (A través de los años he visto a pocos predicadores dominar exitosamente este formato de forma tal que el evangelio es proclamado y un buen contenido es presentado al pueblo.)

Uno de los mayores beneficios de escribir el sermón es que el predicador puede revisarlo. Puede considerar cuidadosamente en oración lo que ha escrito y determinar que es una buena palabra de Dios. Esto puede incluir el regresar a estudiar las Escrituras o a consultar a compañeros de experiencia en el ministerio. De hecho la revisión de un sermón que ya ha sido escrito también tiene sus propios pasos. El siguiente capítulo propondrá algunos elementos a considerar al revisar un sermón antes de su predicación.

¿SIGUE SIENDO DIOS EL ACTOR PRINCIPAL?

Las computadoras modernas pueden ser de gran ayuda al predicador en esta tarea (aunque la lectura de un texto tampoco tomará mucho tiempo). Este paso es muy sencillo: localice todos los casos en su sermón donde "Dios" ha sido mencionado. Esto puede ser desafiante en algunos casos porque "Dios" podría ser mencionado como "Jesús" o el "Espíritu Santo" o tal vez como el "Creador". Una vez que estos casos han sido identificados, observe la función gramatical de "Dios". Si Dios es simplemente mencionado como el predicado de una oración, si él es referido solamente de pasada o es mencionado simplemente como un actor pasivo, entonces debe considerar hacer cambios. (Incidentalmente ésta es una buena razón para escribir el sermón; es más fácil revisarlo para asegurarse de que el evangelio es proclamado). En la mayoría de los casos en los cuales "Dios" es mencionado, debe añadirse inmediatamente un verbo activo al nombre para "Dios". Un ejemplo de hablar de Dios en forma pasiva podría ser éste:

> Cuando mires dentro de tu corazón, piensa en Dios. Recuerda todos los momentos durante el día cuando pensaste en él.

En este ejemplo "Dios" es puramente un sustantivo pasivo; sencillamente sentado sin hacer nada. El actor en este ejemplo podría ser la persona. Miremos otro ejemplo:

> Piensa en tus ofrendas de tiempo, talento y dinero. ¿Qué le puedes dar a Dios? Has trabajado fuerte, ocho horas al día, llevaste a tus hijos a la escuela, preparaste la cena, limpiaste la casa. Lo hiciste todo. Es trabajo arduo. Ahora es el tiempo de dar. Y el primero en recibir tus ofrendas debe ser Dios.

En este ejemplo, Dios es meramente el recipiente de una acción que el oyente estaría realizando. Dios es pasivo, simplemente está sentado ahí. De hecho, si esto no fuera dicho dentro de una iglesia cristiana, este pronunciamiento pudiera fácilmente ser dicho por un musulmán, un judío o un hindú. Sería fácil considerar a un trabajador hindú trayendo un poco de leche como ofrenda a su Dios para evitar que éste muera de hambre. El cristianismo es diferente de cualquier otra religión mundial, porque Dios permanece como el actor y portador de la salvación sin requerir ayuda de criatura alguna. De hecho, cuando aún éramos pecadores opuestos a Dios, él escogió salvarnos.[1]

REVISANDO EL SERMÓN

1. Localice todos los casos donde "Dios" es mencionado en el sermón.
2. ¿Está Dios haciendo algo (activo) o es simplemente el receptor de la acción del oyente (pasivo)?
3. Aunque algunas referencias pasivas pueden ser buenas, trate de cambiar las referencias pasivas de Dios a referencias activas en las cuales

1 Romanos 5:8.

Dios es el portador del juicio, la salvación, la sanidad, el perdón, y cosas semejantes.

4. Asegúrese que las secciones del evangelio del sermón presentan a Dios como el actor y que los verbos muestran a Dios como el sujeto de una acción.
5. Revise sus referencias a Dios. ¿Es Cristo específicamente mencionado como el portador de la salvación?

¿PERMANECE EL EVANGELIO PURO?

Al tiempo que observa si Dios es el actor, del cual se habla en tiempo pasivo o activo, también tenga en cuenta la relación de la persona con Dios en ese escenario. Un predicador puede hacer esto, primero observando donde Dios es mencionado y examinando atentamente los casos donde el oyente es mencionado en relación a Dios. Entonces deberá prestar atención a la manera en que "Dios" y el "hombre" interactúan. ¿Está el "hombre" haciendo algo por "Dios"? ¿Está el "hombre" confiando en "Dios" o está "Dios" confiando en el "hombre"? Un ejemplo puede ser similar a esto:

> ¿Cuándo fue la última vez que alabaste a Dios? ¿Cuándo fue? ¿La semana pasada? ¿Anoche? ¿O fueron las Navidades pasadas cuando viniste a la iglesia? ¿Cuándo fue la última vez que alabaste a Dios? Dios ama nuestras alabanzas. Dios recibe nuestras alabanzas como ofrendas a él. Sin esas alabanzas, sin esa adoración dada a él, nuestro Dios sufre. Necesita nuestras alabanzas. Y si esas alabanzas no llegan a él, entonces no seremos bendecidos.

Hay muchos problemas con este ejemplo. Dios no sufre por la falta de alabanza en el sentido de ser herido o debilitado. Tampoco Dios necesita nuestra alabanza; aunque Dios recibe las oraciones de sus santos, como dulce aroma, no sufrirá si no las recibe. De hecho andaba muy bien antes de crear al hombre. El predicador nunca debe presentar a Dios como un niño malcriado que no nos dará algo a menos que nosotros primero le demos algo a él.

Pero el desafío más importante, aparte de los ejemplos provistos, es que las acciones en este ejemplo fueron todas realizadas por el hombre.

Dios no estaba actuando y por tanto no había evangelio. El evangelio es inherentemente la acción salvífica de Dios, a favor nuestro, mediante Cristo. El evangelio no es una concentración de las obras del hombre hacia Dios. Es muy fácil para los predicadores caer en esta trampa. Nosotros los pecadores somos muy hábiles para vestir a la ley y hacerla lucir lo suficientemente hermosa para hacerla pasar como evangelio. Pero el viejo dicho es verdadero: "El mono, aunque lo vistan de seda, mono se queda." No importa cómo el predicador vista a la ley, ésta sigue siendo la ley y nos condena a causa del pecado. El evangelio debe estar libre de acciones humanas, permaneciendo puro. Esta pureza es lograda solamente cuando las obras de Dios son completadas por nosotros mediante Cristo y nunca permanecen colgando en el aire como si Dios hubiera escogido traernos salvación mediante otra vía (nosotros). Dios estaba satisfecho de hacer que la salvación morara en su Hijo y lograr esa salvación solamente mediante él.

REVISANDO EL SERMÓN

1. Encuentre los momentos en que "Dios" es mencionado en relación al "hombre".
2. En esos casos, ¿está el hombre haciendo algo por Dios (recordar al mono vestido de seda) o está Dios haciendo algo por el hombre (evangelio)?
3. Busque otros casos en los que los oyentes del sermón son mencionados en el mismo.
4. ¿Están los oyentes activos "haciendo" algo por Dios (activo) o permanecen como los receptores de las buenas cosas que Dios ha hecho por ellos (pasivo)?
5. ¿Son las acciones completadas por "Dios" realizadas mediante "Cristo", o se dejó el sermón abierto como si pudiera existir otra vía que pudiera equivocadamente percibirse como una fuente de salvación?

ESTO ES PARA "TI"

La culminación del sermón debe mover a los oyentes hacia la tercera página metafórica del sermón donde se encuentran con el mismo Jesucristo y su Palabra. El sermón debe continuar la proclamación del evangelio dentro de las dos páginas restantes del modelo de las Cinco páginas.

Muchos predicadores encontrarán que es un gran desafío proclamar el evangelio al menos en el cincuenta por ciento del sermón. Ciertamente habrá ocasiones cuando el predicador necesitará desviarse, pero este predominio del evangelio debe ser normativo.[2]

Otro elemento notable de esta sección del evangelio (que también se puede hallar en la sección de la ley) es que el oyente debe conocer, escuchar, y creer que este evangelio es para él. Esto significa que el predicador necesita decir en su sermón que este mensaje es "para ti". Los predicadores nunca deben olvidar que las buenas nuevas de salvación en Cristo han de ser recibidas por personas vivientes que respiran. Los predicadores nunca deben asumir que la gente entiende cuando el predicador habla acerca de algunas buenas nuevas en Cristo. No, el predicador tiene la responsabilidad de decirles a las personas que estas buenas nuevas son "para ti". Hacer lo contrario podría restringir la obra encarnacional de Cristo de venir a este mundo como la Palabra predicada. El fallar en presentar el evangelio a los oídos de los oyentes diciéndoles que es realmente "para ti", podría confinar a Cristo a un espacio reducido, e impedir su interacción con la creación. Algunos ejemplos del evangelio escrito "para ti" son los siguientes:

> Jesús estaba serio cuando compartió la última cena con sus discípulos. Estaba tan serio que la llamó su último testamento. Eran palabras agonizantes de un hombre que pronto sería colgado en una cruz para el perdón de todos los pecados de sus discípulos y para el perdón de todos tus pecados.

Otro ejemplo que enfatiza cómo el evangelio es para ti, el oyente, sin declararlo de una manera obvia, es incluyendo a las personas en la historia bíblica. Un ejemplo tomado del mismo evento bíblico es el siguiente:

> Los discípulos se recostaron a la mesa con Jesús. Él les dijo que ésta era su última cena con ellos. Entonces les dijo que el pan que

2 Pocas denominaciones protestantes se sienten cómodas proclamando el evangelio por un prolongado espacio de tiempo en el sermón. Esto parece contraintuitivo pero es esencialmente un principio aceptado (Ver Paul Scott Wilson: *The Four Pages of the Sermon*. Para una discusión provechosa del tema ver la obra de Henry Mitchell: *Celebration and Experience in Preaching* (Nashville: Abingdon Press, 1990).

estaban partiendo era su cuerpo y que la copa de la cual bebían era su sangre. Hoy en esta noche de Jueves Santo, no es difícil vernos en la misma mesa cuando Jesús nos alimenta con su cuerpo y su sangre. Es el mismo sacrificio dado y derramado por el perdón de todos nuestros pecados.

La identificación del evangelio "para ti" no es un medio de promover algún tipo de cristianismo individualista, cosa que las palabras de la institución y distribución de la Santa Cena no intentan hacer.[3] Más bien, el evangelio ha de ser recibido, tomado, y creído por ti, el oyente. Jesucristo salvó a toda la creación porque ama lo que sus manos crearon y desea mostrarle su amor una vez más. Esto ocurre cuando sus criaturas creen que la obra de salvación de Cristo fue por y para ellas. Predicar de cualquier otra manera podría, de forma inadvertida, separar a Cristo de su creación; podría prevenir a la creación de creer en el Dios que la salvó y podría reflejar la obra original de Satanás en el jardín del Edén separando a Dios del hombre y a éste de sus semejantes. Ese pecado tuvo enormes repercusiones en toda la creación. Pero mediante la proclamación del evangelio de Cristo "para ti", el oyente, esas repercusiones negativas pueden detenerse.

REVISANDO EL SERMÓN

1. Encuentre las oraciones relacionadas al evangelio en su sermón.
2. Revise si esas oraciones hablan del evangelio en formas abstractas como algo que alguien está observando o si el predicador está envolviendo a los oyentes en las acciones del evangelio (esto puede ser la diferencia entre mirar un partido de fútbol en la televisión en oposición a estar jugándolo en una cancha real.)
3. Identifique qué palabras evangélicas se usan para envolver a la audiencia, permitiéndole ser parte del evento de proclamación. Esto se puede hacer observando los momentos cuando el evangelio es hablado "para ti" o si el oyente está envuelto en ese evangelio por otros medios.

3 Las palabras de institución dicen: "Tomen y coman, esto es mi cuerpo, entregado por ustedes... beban todos de ella; ésta es mi sangre del nuevo pacto, derramada por ustedes y por todo el mundo para el perdón de los pecados..." durante la distribución los pastores frecuentemente dicen: "El cuerpo de Cristo, dado por ti"... "La sangre de Cristo, derramada por ti" (¡Cantar al Señor!, p. 20).

4. Localice la sección del sermón que se concentra en la predicación de la ley.
5. Así como se hizo con las secciones evangélicas, mire qué palabras se usan para envolver a los oyentes en la predicación de la ley. La ley no fue escrita para sí misma; fue escrita para convencernos de nuestro pecado.

¿ES LA ENCARNACIÓN CONCRETA O ABSTRACTA?

Algunas veces se pueden cambiar los elementos teológicos de peso por la forma en que hablamos de ellos. Veamos los siguientes ejemplos. El primero ofrece una forma débil de hablar de la absolución mientras que el segundo es más fuerte:

"Algunas veces no nos sentimos perdonados; sentimos que el pecado todavía está con nosotros. Pensamos que el pecado nunca desaparecerá. Parece que nada nunca cambiará. Pero con el tiempo esperamos que Jesús elimine esas preocupaciones."

Desde una perspectiva teológica no hay nada erróneo con esta sección. Todo lo expresado es verdadero y correcto. Pero el hecho de que sea verdadero y correcto no significa que es encarnacional. El Antiguo Testamento era verdadero y correcto pero carecía de Cristo y no encontró su cumplimiento hasta su venida (Gl 4:4). Además las palabras que usé no poseían alguna cualidad encarnacional. Las palabras "sentir" y "pensar" y "parecer" son palabras "de la cabeza"; no son palabras para alcanzar a alguien. Aún dentro de este ejemplo, la presencia de Jesús entre nosotros es apenas fantasmagórica. Su presencia en el pasaje carece de vida y poder de alcance. La encarnación es a veces cruda y descarnada a nuestro alrededor. Puedes alcanzar y tocar la encarnación como Tomás y los otros apóstoles hicieron. Nuestro discurso debe seguir un patrón similar. Considere el próximo ejemplo con esos elementos invertidos:

"Algunas veces no nos sentimos perdonados; podemos ver la manera en que nuestro esposo o esposa nos mira. Miramos a nuestras propias manos y corazones y no los hallamos suficientemente limpios; ningún jabón es capaz de lavar el pecado de nosotros. Trabajando en una oficina las personas a veces piensan que conocen nuestras vidas mejor que nosotros mismos. A veces nos sentimos sucios y que tenemos la palabra pecador tatuada en nuestras frentes porque eso es lo que la gente ve. Pero entonces hoy una mano divina tocó tu cabeza, una mano divina colocó pan en tu boca, sentimos que una mano divina rodeó nuestro oído y escuchamos a Jesús susurrando: '¿Crees que puedo perdonar tu pecado?' Y con respuestas débiles que apenas podemos proferir, muchas veces sin comprender el significado de las mismas, susurramos con esperanza: 'Sí, creo que tú eres el Cristo, el Hijo del Dios viviente.' Y en tu oído y en tu corazón Jesús dice: 'Te perdono todos tus pecados en mi nombre.' No eres la misma persona. Nunca serás la misma persona de nuevo, porque ahora eres perdonado por Jesús mismo."

Estos dos ejemplos ofrecen diferencias sustanciales. En general, el lenguaje es más concreto. Un ejemplo de cómo el pecado está aún con nosotros está mostrado en las palabras: "Podemos ver la manera en que nuestro esposo o esposa nos mira". En general, es mejor mostrar que contar cuando predicamos.

CONCLUSIÓN

La Palabra en verdad se está convirtiendo en carne y habitando entre nosotros y está todavía entre nosotros hoy. No hay vocación mayor que la de predicar el evangelio. Esto fue primeramente confiado a Adán quien compartió esa palabra con Eva y juntos trasmitieron el *protoevangelium* [protoevangelio] a las generaciones futuras. Pero como ocurre siempre con la palabra de Dios, el diablo la desprecia y constantemente ataca a aquellos que la proclaman, sea que proclamemos el evangelio en el hogar o en una congregación. Como predicadores se nos ha concedido una alta vocación en la iglesia, procedente de Dios mismo. Presérvese en su llamamiento mediante la humildad, y estudiando las Escrituras y el catecismo. Vigile lo que predica y cómo lo hace. Plante la semilla entre las personas y permítale a Dios obrar a través del Espíritu Santo, desconociendo la maravillosa semilla que podrá crecer.

Esta obra introductoria es el primer paso para algunos o tal vez un repaso para otros. No fue designado para contestar las preguntas complejas que aparecen después de años de predicación, pero intenta establecer un fundamento teológico para la predicación. También intentó proveer un marco de referencia para que los estudiantes puedan involucrarse con el texto bíblico desde una perspectiva luterana, para promover el evangelio dentro del mismo. Otros tópicos como la predicación a la mente del siglo 21, la construcción de un sermón distintivamente luterano, y cómo los predicadores pueden proclamar acerca de los crecientes pecados sexuales en nuestro mundo moderno deberán esperar para otra ocasión.

* *Ahora que la gracia de nuestro Señor Jesucristo, el amor de Dios y la comunión del Espíritu Santo sea con ustedes cuando abren su boca y proclaman la Palabra creadora pronunciada por primera vez en el Edén y ahora proclamada por nuestro Señor Jesucristo por medio de ustedes. Amén.*

ANEXO

HOJAS DE PREPARACIÓN DEL SERMÓN

Texto: ____

Dios es el actor: ________________________________

¿Qué está haciendo Dios a través de este texto?
Exprese la acción de Dios en una frase.
¿Cómo está Dios actuando en este mundo de acuerdo al texto?

Jesús es nuestro Redentor ___________________________

¿Cómo apunta este texto hacia Jesús para salvación?
¿Cómo fue el evangelio escrito "para ti"?
¿Cómo puede o debe verse la congregación en este texto?
¿Cómo puede predicarse el sermón para que la gente crea que el evangelio es para ellos?

El Espíritu Santo da la fe ___________________________

¿Cuándo se anima a las personas a creer en las obras de Dios?
¿Cuándo se anima a las personas a creer en Dios / Jesús mismo?
¿Hay momentos cuando la sección "para ti" apunta hacia eventos tangibles? Si no es así, ¿cómo se puede fortalecer esto?

Oración del tema central: ___________________________

HOJA DE PREPARACIÓN DEL SERMÓN:

LEY Y EVANGELIO

Página 1

- Identifique 3-5 ejemplos de la "ley" dentro del texto bíblico.
- Anote los ejemplos que complementan el tema central.

Página 2

- Identifique ejemplos similares de la ley en el mundo presente.
- ¿Qué mandamiento fue quebrantado si la ley no fue cumplida?
- ¿Hay momentos donde su congregación también quebranta la ley? ¿Es un mandamiento que la gente quebranta con placer? ¿Se siente la gente culpable al violar esta ley? ¿Puede la gente sentir la ira de Dios cuando se viola esta ley?

Página 3

- ¿Por qué se envolvería Jesús en salvar a la gente de este pecado particular?
- ¿Cómo salva a la gente de este pecado la muerte y resurrección de Jesús?

Página 4

- ¿Cuáles son las maneras en que el tema central afecta el escenario bíblico?
- ¿Cómo trae Jesús el evangelio al escenario bíblico?
- En un pasaje del Antiguo Testamento o de las Epístolas, ¿cómo está envuelto Jesús en la historia bíblica?

Página 5

- ¿Cómo muestra el evangelio en este mundo el tema central?
- ¿En cuántas maneras le está usted permitiendo a la congregación creer que tienen nueva vida en Cristo?
- ¿Ha declarado que este evangelio es verdaderamente "para ti", el oyente?

HOJAS DE PREPARACIÓN DEL SERMÓN

Texto: ____

Dios es el actor: __________________________________

¿Qué está haciendo Dios a través de este texto?
Exprese la acción de Dios en una frase.
¿Cómo está Dios actuando en este mundo de acuerdo al texto?

Jesús es nuestro Redentor ____________________________

¿Cómo apunta este texto hacia Jesús para salvación?
¿Cómo fue el evangelio escrito "para ti"?
¿Cómo puede o debe verse la congregación en este texto?
¿Cómo puede predicarse el sermón para que la gente crea que el evangelio es para ellos?

El Espíritu Santo da la fe ____________________________

¿Cuándo se anima a las personas a creer en las obras de Dios?
¿Cuándo se anima a las personas a creer en Dios / Jesús mismo?
¿Hay momentos cuando la sección "para ti" apunta hacia eventos tangibles? Si no es así, ¿cómo se puede fortalecer esto?

Oración del tema central: ____________________________

HOJA DE PREPARACIÓN DEL SERMÓN:

LEY Y EVANGELIO

Página 1

- Identifique 3-5 ejemplos de la "ley" dentro del texto bíblico.
- Anote los ejemplos que complementan el tema central.

Página 2

- Identifique ejemplos similares de la ley en el mundo presente.
- ¿Qué mandamiento fue quebrantado si la ley no fue cumplida?
- ¿Hay momentos donde su congregación también quebranta la ley? ¿Es un mandamiento que la gente quebranta con placer? ¿Se siente la gente culpable al violar esta ley? ¿Puede la gente sentir la ira de Dios cuando se viola esta ley?

Página 3

- ¿Por qué se envolvería Jesús en salvar a la gente de este pecado particular?
- ¿Cómo salva a la gente de este pecado la muerte y resurrección de Jesús?

Página 4

- ¿Cuáles son las maneras en que el tema central afecta el escenario bíblico?
- ¿Cómo trae Jesús el evangelio al escenario bíblico?
- En un pasaje del Antiguo Testamento o de las Epístolas, ¿cómo está envuelto Jesús en la historia bíblica?

Página 5

- ¿Cómo muestra el evangelio en este mundo el tema central?
- ¿En cuántas maneras le está usted permitiendo a la congregación creer que tienen nueva vida en Cristo?
- ¿Ha declarado que este evangelio es verdaderamente "para ti", el oyente?

HOJAS DE PREPARACIÓN DEL SERMÓN

Texto: ______________________________

Dios es el actor: ______________________________

¿Qué está haciendo Dios a través de este texto?
Exprese la acción de Dios en una frase.
¿Cómo está Dios actuando en este mundo de acuerdo al texto?

Jesús es nuestro Redentor ______________________________

¿Cómo apunta este texto hacia Jesús para salvación?
¿Cómo fue el evangelio escrito "para ti"?
¿Cómo puede o debe verse la congregación en este texto?
¿Cómo puede predicarse el sermón para que la gente crea que el evangelio es para ellos?

El Espíritu Santo da la fe ______________________________

¿Cuándo se anima a las personas a creer en las obras de Dios?
¿Cuándo se anima a las personas a creer en Dios / Jesús mismo?
¿Hay momentos cuando la sección "para ti" apunta hacia eventos tangibles? Si no es así, ¿cómo se puede fortalecer esto?

Oración del tema central: ______________________________

HOJA DE PREPARACIÓN DEL SERMÓN:

LEY Y EVANGELIO

Página 1

- Identifique 3-5 ejemplos de la "ley" dentro del texto bíblico.
- Anote los ejemplos que complementan el tema central.

Página 2

- Identifique ejemplos similares de la ley en el mundo presente.
- ¿Qué mandamiento fue quebrantado si la ley no fue cumplida?
- ¿Hay momentos donde su congregación también quebranta la ley? ¿Es un mandamiento que la gente quebranta con placer? ¿Se siente la gente culpable al violar esta ley? ¿Puede la gente sentir la ira de Dios cuando se viola esta ley?

Página 3

- ¿Por qué se envolvería Jesús en salvar a la gente de este pecado particular?
- ¿Cómo salva a la gente de este pecado la muerte y resurrección de Jesús?

Página 4

- ¿Cuáles son las maneras en que el tema central afecta el escenario bíblico?
- ¿Cómo trae Jesús el evangelio al escenario bíblico?
- En un pasaje del Antiguo Testamento o de las Epístolas, ¿cómo está envuelto Jesús en la historia bíblica?

Página 5

- ¿Cómo muestra el evangelio en este mundo el tema central?
- ¿En cuántas maneras le está usted permitiendo a la congregación creer que tienen nueva vida en Cristo?
- ¿Ha declarado que este evangelio es verdaderamente "para ti", el oyente?

HOJAS DE PREPARACIÓN DEL SERMÓN

Texto: ______________________________

Dios es el actor: ______________________________

¿Qué está haciendo Dios a través de este texto?
Exprese la acción de Dios en una frase.
¿Cómo está Dios actuando en este mundo de acuerdo al texto?

Jesús es nuestro Redentor ______________________________

¿Cómo apunta este texto hacia Jesús para salvación?
¿Cómo fue el evangelio escrito "para ti"?
¿Cómo puede o debe verse la congregación en este texto?
¿Cómo puede predicarse el sermón para que la gente crea que el evangelio es para ellos?

El Espíritu Santo da la fe ______________________________

¿Cuándo se anima a las personas a creer en las obras de Dios?
¿Cuándo se anima a las personas a creer en Dios / Jesús mismo?
¿Hay momentos cuando la sección "para ti" apunta hacia eventos tangibles? Si no es así, ¿cómo se puede fortalecer esto?

Oración del tema central: ______________________________

HOJA DE PREPARACIÓN DEL SERMÓN:

LEY Y EVANGELIO

Página 1

- Identifique 3-5 ejemplos de la "ley" dentro del texto bíblico.
- Anote los ejemplos que complementan el tema central.

Página 2

- Identifique ejemplos similares de la ley en el mundo presente.
- ¿Qué mandamiento fue quebrantado si la ley no fue cumplida?
- ¿Hay momentos donde su congregación también quebranta la ley? ¿Es un mandamiento que la gente quebranta con placer? ¿Se siente la gente culpable al violar esta ley? ¿Puede la gente sentir la ira de Dios cuando se viola esta ley?

Página 3

- ¿Por qué se envolvería Jesús en salvar a la gente de este pecado particular?
- ¿Cómo salva a la gente de este pecado la muerte y resurrección de Jesús?

Página 4

- ¿Cuáles son las maneras en que el tema central afecta el escenario bíblico?
- ¿Cómo trae Jesús el evangelio al escenario bíblico?
- En un pasaje del Antiguo Testamento o de las Epístolas, ¿cómo está envuelto Jesús en la historia bíblica?

Página 5

- ¿Cómo muestra el evangelio en este mundo el tema central?
- ¿En cuántas maneras le está usted permitiendo a la congregación creer que tienen nueva vida en Cristo?
- ¿Ha declarado que este evangelio es verdaderamente "para ti", el oyente?

HOJAS DE PREPARACIÓN DEL SERMÓN

Texto: ____

Dios es el actor: ____________________________________

¿Qué está haciendo Dios a través de este texto?
Exprese la acción de Dios en una frase.
¿Cómo está Dios actuando en este mundo de acuerdo al texto?

Jesús es nuestro Redentor ______________________________

¿Cómo apunta este texto hacia Jesús para salvación?
¿Cómo fue el evangelio escrito "para ti"?
¿Cómo puede o debe verse la congregación en este texto?
¿Cómo puede predicarse el sermón para que la gente crea que el evangelio es para ellos?

El Espíritu Santo da la fe ______________________________

¿Cuándo se anima a las personas a creer en las obras de Dios?
¿Cuándo se anima a las personas a creer en Dios / Jesús mismo?
¿Hay momentos cuando la sección "para ti" apunta hacia eventos tangibles? Si no es así, ¿cómo se puede fortalecer esto?

Oración del tema central: ______________________________

HOJA DE PREPARACIÓN DEL SERMÓN:

LEY Y EVANGELIO

Página 1

- Identifique 3-5 ejemplos de la "ley" dentro del texto bíblico.
- Anote los ejemplos que complementan el tema central.

Página 2

- Identifique ejemplos similares de la ley en el mundo presente.
- ¿Qué mandamiento fue quebrantado si la ley no fue cumplida?
- ¿Hay momentos donde su congregación también quebranta la ley? ¿Es un mandamiento que la gente quebranta con placer? ¿Se siente la gente culpable al violar esta ley? ¿Puede la gente sentir la ira de Dios cuando se viola esta ley?

Página 3

- ¿Por qué se envolvería Jesús en salvar a la gente de este pecado particular?
- ¿Cómo salva a la gente de este pecado la muerte y resurrección de Jesús?

Página 4

- ¿Cuáles son las maneras en que el tema central afecta el escenario bíblico?
- ¿Cómo trae Jesús el evangelio al escenario bíblico?
- En un pasaje del Antiguo Testamento o de las Epístolas, ¿cómo está envuelto Jesús en la historia bíblica?

Página 5

- ¿Cómo muestra el evangelio en este mundo el tema central?
- ¿En cuántas maneras le está usted permitiendo a la congregación creer que tienen nueva vida en Cristo?
- ¿Ha declarado que este evangelio es verdaderamente "para ti", el oyente?

CPSIA information can be obtained
at www.ICGtesting.com
Printed in the USA
FSOW02n0335301116
27921FS